MÁS ALLÁ
de mis
PASOS

Franklin Mejías C.

MÁS ALLÁ *de mis* PASOS

Construyendo mi propósito

AVISO LEGAL

Franklin Mejias Castellanos, sus libros, agendas, canal de YouTube, artículos de revistas, portales web, blog, conferencias, talleres, redes sociales y otros relacionados, ofrece este y otros materiales como recursos informativos porque su experiencia, estudios y trabajos han brindado a ella resultados más que satisfactorios, por tanto lo que hagas con el conocimiento que obtengas o generes por el uso de este y otros de sus materiales es única y exclusivamente tu responsabilidad, y al seguir adelante y leer este documento así lo aceptas.

Tú eres responsable de tus actos y del uso que puedas hacer con los recursos que ofrece Franklin Mejías. Dichos contenidos reflejan lo mejor de las recomendaciones posibles sobre sus experiencias. Sin embargo, no son garantía de éxito para tus iniciativas de cambios en tu vida o negocio, ya que son muchos los factores que influyen en la efectividad de las recomendaciones, técnicas, conceptos e ideas. La licencia de uso de este libro impreso y/o electrónico es para tu disfrute personal.

Si deseas compartirlo ten la amabilidad de adquirir una copia adicional para cada destinatario. Gracias por respetar el arduo trabajo del autor.

Título
MÁS ALLÁ DE MIS PASOS
Construyendo mi propósito

Autor
Franklin Mejías Castellanos
@franklinmejiasc

Guiatura, Organización y Estructura del libro
Rosangela Rodríguez Garrido
@rosangelaescritora

Corrección y estilo
Luis Enrique Marval Hidalgo
@batrax1

Ilustraciones
Max Guevara
organicnative.com

Fotografías
Armando Áñez
@armandoanezphoto

Lector cero
Ydilia Rodríguez Garrido

Diseño de la portada y contraportada
Esther Figueira
@giallografico

Maquetación
Jesús Martínez

Best Seller Team
Daniel Altuve
Bárbara Izquierdo

Primera edición - Noviembre 2021

ISBN: 9798754453623 - *Independently published*

Colaboran con esta publicación:

Dedicatoria

Hoy es un día importante, hoy es un día que me siento inspirado por ti, siento tu energía, tu vibra, aunque no te pueda ver sé que estás ahí, aunque no te pueda ver te siento, y sé que ese solo eres tú, porque es algo sobrehumano. Hoy, cuando escribo estas líneas, puedo decirte que cada vez es más tu presencia en mi vida, estás en mi corazón, en mis pensamientos, hasta en muchas de mis acciones. Te agradezco cada segundo, cada minuto, por ser mi guía, por siempre cuidarme, siendo ese ángel guardián asegurándose que todo esté bien en mi vida. Me has bendecido desde que nací con la familia que me otorgaste. **Gracias** por mis padres, **gracias** por mi hermana, **gracias** por esas personas que hoy están a mi lado que no han necesitado ser mi sangre para cambiarme la vida, **gracias** por permitirme ver las cosas importantes de la vida, desde los amaneceres hasta la vida que has creado bajo el océano. **Gracias** por la perfección imperfecta. Me has demostrado que no se necesita nada de este cuerpo prestado para vivir al máximo, para entrar a otras galaxias y disfrutar otros rasgos trascendentales. **Gracias** por demostrarme que cuando las cosas no salen como yo quiero también es tu acción en mi vida. **Gracias** por mi independencia. **Gracias** por la conversación que tenemos constantemente, por enseñarme tantas experiencias a diario, y finalmente por ser el guía principal de este libro.

Dios, padre celestial, rey de reyes, el que todo lo puede, tú eres el único que sabes cómo pienso, eres quien sabe cuáles son mis intenciones. **Este libro está dedicado a ti.**

Índice

Prólogo

El miedo y el desconocimiento tienen algo en común: paralizan nuestros pasos y someten nuestra voluntad. Soñar, por el contrario, es el ejercicio de aquellos que, rebeldes ante el caos que implica nuestra existencia, les ayuda a transformar el infortunio del hoy en la esperanza de un mejor mañana. Así pues, solemos pensar en los sueños como ideales que se alcanzarán mañana, posponiendo lo que puede ser hoy a raíz del miedo a lo desconocido y, en muchas ocasiones, el confort de lo conocido. Solo quienes se armen de coraje, aquel que viene del latín cor y que significa echar el corazón por delante, lograrán dar nuevos pasos para conocer la gloria de haber vivido.

¿Cómo creer sin haber visto? Nadie puede prometer que del otro lado del miedo encontrarás aquello que has soñado. Sin embargo, quienes avanzan con fuerza atravesando sus temores y confiando en que sus pasos les guiarán a través del caos, encontrarán regocijo en el mero acto de caminar, y no precisamente en el de alcanzar la cima, se volverán adictos a la aventura de vivir, aprenderán a sobrepasar con rapidez las piedras que les coloque el camino, solo porque saben que levantarse y dar el próximo paso es la mejor manera de vivir.

Las excusas son entonces las creencias que nos limitan para lograr nuestro máximo potencial en caso de atrevernos a buscarlo. Este libro es una historia narrada en primera persona y basada en la vida de un ángel que nos enseña con cada historia a enfrentar los miedos, avanzar a pesar de las excusas, aventurarse a lo desconocido y conquistar la gloria de haber vivido.

Él entendió que el viaje de la vida está aquí, ahora mismo. Así que vívelo, pinta aunque no seas un artista. Conoce realmente a la gente. Acepta que a veces fallarás. Rompe tu corazón y vuelve a armar las piezas. Aprende. Recuerda que los amaneceres son gratis. Mira las estrellas y finalmente date cuenta de lo pequeño que eres. Perdona y olvida. No te detengas. Vive por la música y los momentos, porque nadie vive para siempre, y la vida es muy muy corta. Así que vívela y no esperes.

Más allá de mis pasos es una obra literaria con una historia fuera de lo común, pues nos hace pensar en el misterio de la vida y nos educa a cómo seguir luchando a pesar de la adversidad. Algunos alimentan sus pasos confiando en que una fuerza divina fuera de nuestro entendimiento lógico los acompaña; otros, un poco más incrédulos, se alimentan de conocimiento y fabrican las ganas. Sin embargo, al final de este viaje aprenderás a creer y con fortuna te impulsará a conocer qué hay más allá de tus pasos.

Laura Chimaras

Agradecimientos

Nada de lo que van a leer en este libro sería posible sin el apoyo de mi bella familia; gracias a Dios y a ella estoy dando esos grandes pasos en este momento, es por eso que he decidido tomarme el tiempo de agradecerle a cada uno de ellos, con amor puro, con autenticidad, con pasión y con respeto, sintiéndome orgulloso de lo que son y de lo que seremos más adelante.

Franny Mejías Castellanos, hermanita amada, eres mi mejor amiga y siempre serás mi mayor ejemplo. Me has enseñado a ser fuerte, a subir la cabeza cuando he llegado a estar cabizbajo, a comerme el mundo sin manos y sin pies aun cuando creo que es imposible, a hacer las cosas bien, enfocándome en el paso a paso para ser ejemplo único. Me has enseñado también que la vida no se trata de expectativas sino de acciones, y valores. Gracias por siempre estar allí para mí, sin importar en qué situación esté, así sea excelente o excelentemente bien. Gracias por siempre darme un consejo y nunca cansarte. Eres y siempre serás unas de las personas que recargarás mis energías o vibras con simplemente un abrazo. Gracias por ser la raíz más arraigada a este árbol que está en pleno crecimiento.

Franklin Mejías Jiménez, papito mi rey, ha sido por mucho tiempo mi mano derecha, y mi mano izquierda también; muchísimas gracias por enseñarme que nadie en esta vida me podía decir la frase "No puedes hacerlo", por estar a mi lado incondicionalmente, por creer en mí cada día, por ser mi mejor enfermero, mi mejor cocinero, por ser un modelo a seguir, por ser mi mejor amigo y confidente, por darme consejos cuando creo que me las sé todas y lo que realmente sé es que no sé nada. Me has demostrado con hechos que las acciones valen más que mil palabras, que somos hombres y debemos hacer las cosas con el corazón en todo momento. Gracias a usted, todos los días voy a tener en cuenta que para lograr una meta que deseemos, debemos trabajar con mucha constancia e disciplina.

Any Castellanos Fuentes, mamita hermosa, te agradezco por haberme tenido nueve meses en tu vientre, por haberme dado la vida. Fuiste la primera persona que vi, hoy te doy gracias por darme todo lo que tú nunca tuviste, por ser amorosa conmigo, incluso cuando las cosas no estaban bien, por preocuparte siempre por mí, por protegerme de muchísimas cosas, me has demostrado que eres sumamente fuerte, eres capaz de superar cualquier experiencia en tu vida con tu mejor actitud, teniendo en cuenta quién eres y por todo lo que has pasado. Mami, en verdad que le doy gracias a Dios por escogerte a ti para que fueras mi mamá, no habrá palabras para describir lo que siento cuando estás a mi lado, eres una persona que ha hecho mi vida única y —más allá de mis pasos— siempre estaré aquí para ti.

Luis Díaz, hermano de vida, eres mi cuñado y el hermano que Dios y la vida me regaló. Te doy las gracias por todo lo que has hecho por mí, por transformar mi mente, y por enseñarme que no existe absolutamente nadie que pueda ayudarme cuando yo no quiero ser ayudado; me has enseñado tanto que no tengo cómo agradecértelo. Espero que nuestra relación siga evolucionando más y más a lo largo del tiempo. Gracias por las enseñanzas y buenos momentos.

Más allá de mis pasos y acciones, deseo que Dios bendiga hoy y siempre a toda mi familia, que también les dé salud en abundancia para que sigan los buenos momentos juntos. Los amo con todo mi corazón y alma.

Vienen cosas grandes.

Agradecimientos profesionales

Desde que nací he sido un servidor de Dios, él me ha usado como un instrumento divino, es por eso que debo ser agradecido con todo aquel que ha estado conmigo, con todo aquel que ha creído en mí incondicionalmente. Hoy debo reconocer que no hubiese podido ser posible este libro sin su maravillosa guía, sin su increíble visión. De corazón gracias por dedicarle tu tiempo y sabiduría a este extraordinario proyecto. Espero que sigas siendo esa mano derecha tan importante para todas esas personas que desean contar su historia a través de páginas llenas con palabras.

A tu grandioso equipo mi más sincera gratitud por su disposición de querer hacer las cosas con la más alta calidad.

Que Dios te bendiga a ti y a toda tu familia, gracias por compartir muchísimo conmigo durante todos estos meses de arduo trabajo asesorando la escritura de mi libro con tu programa y acompañamiento personalizado.

Gracias, Rosangela Rodríguez —cariñosamente "Yayita"— por tu apoyo constante.

Presemtación
de Maickel Malamed

¿Quién puede dar pasos sin tener pies?, pudiéramos preguntarnos como todo discípulo le plantea al maestro zen.

El maestro, con una mirada calma, tierna pero firme, como el verdadero amor, le respondería: "Quien flota, querido mío, quien flota", hace una pausa mientras toma un sorbo de su té humeante contemplando el horizonte infinito que se dibuja zigzagueante detrás de las montañas milenarias y prosigue: "Quien se eleva por encima de las circunstancias momentáneas de la tierra que nos hacen temblar, para mirar por encima el futuro con suficiente perspectiva sintiendo paz, sabiendo que todo va a estar bien cuando el bien es parte de nosotros".

La sonrisa del discípulo contagió la sonrisa plácida del maestro que, orgulloso por la profundidad de la pregunta, le repetía celebrando con emoción: "Quien flota, querido mío, quien flota".

Franklin Mejías no sólo se ha elevado por encima de la adversidad, sino que ahora nos invita al aprendizaje de cómo elevarnos nosotros también. A través de un viaje cotidiano donde se vive de verdad, nos hace celebrar junto a él la trayectoria que lo ha llevado a poder vivir a plenitud con la ausencia de aquello que para otros sería vital.

Un mundo sin extremidades lo ha impulsado a un mundo de creatividad y exploración extrema, colocando la disposición actitudinal como base o fundamento de cualquier construcción sólida y sostenible.

Franklin nos pasea y nos contagia con la alegría de vivir, descubriéndose capaz, más que preguntándose ¿de qué seré capaz?

Cuando la vida es un experimento constante ya el éxito está garantizado, pues más que ganar o fracasar, es un continuo y simple descartar o confirmar. La emoción por saber que cuando en lo cotidiano se vive, la grandeza te descubre.

Es verdad que cada paso de Franklin nos llenará de asombro e inspiración, pero también es verdad que su ingenuidad nos impregna de la ternura del apetito genuino por la vida. Una vida intencional que hace todo más intenso, pero menos dramático.

Franklin Mejías —más que un ejemplo— es una oportunidad para verse reflejado en la posibilidad humana de los desafíos que la vida nos coloca para emerger como el carbón expuesto a la infinita presión y volver como el diamante que, a la vez que brillante y valioso, es transparente y traslúcido, mostrando en múltiples ángulos las alternativas para que la luz se refracte en él.

Franklin es la transparencia de lo difícil, como es la riqueza de las alternativas para vivirlo sencillo, alegre y entusiasta.

Que los pasos de Franklin nos permitan flotar y que nos encontremos todos en la abundancia que trae la curiosidad por los gigantes, genios, seres increíbles que somos ante cualquier circunstancia.

Maikel Melamed

Testimonio

Hablar de ti es hablar de mí, porque a partir del día que Dios te puso en mi camino entendí que había un mensaje muy profundo. Vivir tu proceso y conocerte en la cama de un hospital —luego de tu gran desafío y a horas de haberte despedido de ciertas partes de tu cuerpo— fue entender que lo que somos es alma.

Tú nos has enseñado o has certificado que el cuerpo es solo una herramienta que Dios utiliza para enviar un mensaje. Te abrazo siempre, mi niño, y nunca olvides que en mi mente tienes un archivo especial que me recuerda que vinimos a dejar huella con cada paso. Y sé que más de allá de tus pasos, mi Franklin adorado, hay tanto amor para dar que no me queda la menor duda que eres el superhéroe que cada persona debería tener en su vida como referencia.

Carolina Sandoval

Y ME LANCÉ

Inolvidable intuición

La parte más loca de lanzarte
es que conocerás a una persona con un paracaídas,
te lo van a presentar, y será una de las personas más importantes
que conocerás en tu vida.

Dan Oshinsky

*A*ltura, 15.000 pies. El avión se desplaza entre 60 y 130 km/h (40 - 80 mph). En caída libre —sin abrir el paracaídas— la velocidad de descenso de un paracaidista puede alcanzar hasta los 250 km/h, en apenas minuto y medio… Y así estaba yo, a punto de hacerlo… ¡¡**Sí, yo!!**, aterrado, nervioso, feliz.

Allí estaba yo, el mismo muchacho que hace unos años atrás cerraba su primer libro soñando con participar en las olimpíadas, y que no imaginaba que las olimpíadas iban a ser personales, y en tantas categorías que para poder narrarlas requeriría de un nuevo libro.

Y heme allí, a punto de saltar.

Pero no nos adelantemos. Quiero contarte cómo llegué hasta allí, y para eso quise escribir lo que ya sé que tú estás pensando: «¿Por qué Franklin Mejías decidió esa locura de lanzarse en paracaídas?». La respuesta es que haciendo una locura se me ocurrió hacer otra. Justo ese día, haciendo esa primera locura, tuve el sueño de querer sentir eso que sentí allí, pero más intensamente. Explico este galimatías.

Un día de paseo fui a Orlando, Florida, con unos amigos, por la época de Halloween del año 2018 y allí había una atracción turística —Slingshot— parecida a una catapulta humana, donde te sentaban en una especie de cápsula que era halada hacia atrás y luego te disparaban hacia arriba a una velocidad vertiginosa, subiendo de un solo envión como unos quince pisos de un edificio. Una locura total.

Cuando me monté por primera vez me dije: «!Guao!, qué impresionante es esto», porque es una atracción que te mueve todo, no solo físicamente sino también tu yo interno. Al bajarme de Slingshot la sensación que yo tenía era tan extrema e intensa que lo primero que vino a mi mente fue una pregunta: «¿Qué sigue después de hacer esto?». Y la respuesta fue inmediata: «Me voy a lanzar de un paracaídas». Y fue allí, en ese mismo momento, donde mi cerebro vio, analizó y sacó la conclusión de que sí podía hacerlo. Mi segunda locura.

Llegué a casa y, con la adrenalina a millón y mi mente volando más rápido todavía, decidí comentárselo a mi papá, y él, como buen padre, comprensivo y muy empático, me dijo: «¡¿Tú como que estás loco?!, ¿cómo se te ocurre que te vas a lanzar en paracaídas?... **¡No, no y no!**».

Yo, perplejo y algo aturdido por su respuesta, decidí entonces ir a la segunda base: mi mamá. Ella me conoce y sabe comprender. Le dije lo mismo, y su reacción fue que casi tuve que sacarla para el hospital, porque del susto creí que le iba a dar un infarto y, junto con mi papá, repitió el: "**¡No, no y no!**".

Soy un hijo amoroso y respetuoso, pero tengo 21 años, así que me comporto como un muchacho de esa edad, es decir, busqué una tercera opinión en mi manager Jhosep Rojas. Le conté lo que quería hacer y de inmediato me dijo: «No se diga más. Vamos a investigar qué tienes que hacer, cuándo, cómo y dónde». La verdad Jhosep fue una pieza fundamental en ese desafío. Su apoyo fue incondicional.

Nos pusimos justo en ese momento a investigar y de verdad debo decir que no imaginé que pudiese ser tan fácil llegar a hacerlo. Por supuesto, necesitas tener el dinero. Revisamos las condiciones para lanzarme y mis condiciones para hacerlo. Escogimos una fecha. Decidimos.

Me fui una semana antes para la casa de Jhosep, y allí lo que hice fue hablar del tema, enfocarme en cómo yo me acerco a los eventos: con expectación, alegría, posibilidad, con el "sí se puede". Estaba supercontento y hablando todo el día sobre lo mismo, siempre enfocado en mi propia visión de la vida.

Decidí enfocarme en el momento, en lo que iba a vivir, más que en los datos de altura o velocidad o riesgos.

Un par de días antes del lanzamiento me fui a Tampa, Florida, junto con Jhosep, su esposa, una amiga y yo. Estaba haciendo mucho frío. Paseamos y comimos, y la pasamos realmente muy bien, mientras yo además entrenaba para mi maratón (del que les hablaré en otra historia).

Y llegó el día, ese día tan esperado, en el que me lanzaría en paracaídas. Nos fuimos los cuatro. Esa camaradería me dio mucha confianza, seguridad y tranquilidad. Me dediqué a disfrutar y a bromear, hasta que me di cuenta de que no había vuelta atrás, que ya estaba allí y comencé a asimilar lo que estaba a punto de hacer: lanzarme en paracaídas.

Comencé a ver a las personas que regresaban de haber culminado su lanzamiento. Los veía caminar con el paracaídas ya abierto, y las caras más radiantes de felicidad que yo hubiese visto antes. En eso estuve las dos horas previas a montarme en el avión.

Luego, después de esa espera, nos explicaron con una serie de ejercicios lo que debíamos hacer, y confronté un nuevo y no previsto reto para mí: me dijeron que no podía lanzarme con mis prótesis de piernas, que debía dejarlas en tierra y montarme en el avión sin ellas.

Aquí comenzaron mis reflexiones necesarias: **¿cómo puedo dejar mis prótesis de piernas aquí? ¿Cómo podría aterrizar sin ellas?**

Y esas reflexiones me llevaron directo al aprendizaje inicial de esta experiencia: **si ya estaba allí, pues debía ponerme —como otras tantas veces— en manos de los especialistas.** Entonces, después de aceptar el aprendizaje, el resto de las preguntas se tuvieron respuesta una a una. Hecho eso, pasé a firmar el contrato donde declaraba que sabía a todo lo que me exponía, que comprendía que era peligroso y que lo hacía por mi propia voluntad. Y pese a que mi mente me decía "todo está bien", mi cuerpo comenzó a sentir una especie de susto. Me daba risa y a la vez angustia. Me sentía nervioso. Me reía con Jhosep y él conmigo, pero ya no había marcha atrás.

Nos llamaron. Entregué mis prótesis a Jhosep. Comenzaron a prepararme con el equipo. Me colocaron un arnés supergrueso que me sujetaba todo el cuerpo. Debía meter las piernas, los brazos y sujetar fuertemente mi tronco. Listo.

Me llevaron hasta la avioneta (bastante pequeña, por cierto). Allí mi instructor solicitó ayuda para facilitar mi ingreso dentro de esta. Me montaron primero a mí y pude sentir el piso helado. Todo estaba demasiado frío y lo sentía directamente en mis piernas, porque no tenía las prótesis.

Luego entraron otras personas que también iban a lanzarse junto conmigo. Entre ellos había algunos novatos —como yo— que tendrían su primera experiencia en el salto en paracaídas, y otros más experimentados, con experiencia de muchos lanzamientos. Recuerdo que el último, llevaba una cámara pegada a su casco para filmar toda la actividad durante el salto y permanencia en el aire. Estos participantes, digamos "veteranos", jugaban entre ellos, hacían competencias y yo los veía admirado, **pero lo más interesante es que ellos me veían a mí con igual admiración y dándome ánimos por mi osadía.**

La avioneta, con su carga de novatos y "veteranos", comenzó a ascender. El ruido de los motores funcionando se sentía muy fuerte. Empecé a comprender lo que yo estaba a punto de hacer y sentí temor.

Se abrieron las puertas de la avioneta y vi la inmensidad del cielo abriéndose ante mis ojos. Justo en ese momento el instructor que iba a saltar junto conmigo me dijo: «¿Tú tienes idea de para qué es ese arnés que tienes puesto? Espero que tú lo sepas porque yo no tengo ni idea…». Creo que mi cara de susto y risa nerviosa le mostró que, aunque entendía que él me estaba jugando una broma, igual seguía sintiendo mucho miedo.

Entre risas, dos de los participantes más experimentados se lanzaron, y en ese momento recordé a mi papá y a mi mamá, y me dije: «¿En qué me metí?, ¿cómo voy a lograr lanzarme de este avión?».

Entré en pánico. Los nervios me hicieron sentir un frío demoledor. Sentía que me estaba congelando. Sentía como arañas caminando dentro de mi estómago. Quería decirle al piloto: «Llévame hasta abajo por favor, yo no me voy a lanzar».

Se fueron lanzando todos, uno por uno. Yo fui el último. Y entonces allí estaba, tal como les dije al inicio, a punto de lanzarme en paracaídas. Mi instructor me dijo: «Franklin, es nuestro turno. Recuerda que debes inclinar tu cuerpo hacia atrás al estar parado en la puerta, para que yo pueda sujetarte y lanzarnos juntos».

Todo fue ocurriendo en dos velocidades: la velocidad lenta era la de mi mente que iba viendo todo como si fuese una película paralela en mi mente, y la otra muy rápida, la de la realidad.

Mi instructor me sujetó y nos lanzamos al vacío.

¡Dios! ¡Dios! En ningún momento cerré los ojos, y en tan solo diez segundos estaba flotando a 15.000 pies de altura… ¡Sentí que podía volar! ¡Soy libre…!, ¡soy libre…!, ¡soy libre!, fue lo que estuve pensando en ese breve instante en el espacio, y quería gritarlo. Me sentí poderoso.

En ese momento tan corto fui capaz de sentir, reflexionar, ver, analizar y comprender lo que soy, lo que he venido a vivir y cuál es mi propósito de vida. Seguí flotando y cayendo.

El silencio es el sonido más increíble a esa altura.

Me reí. Disfruté. Viví la experiencia. Sentí.

Mi segundo aprendizaje, aún durante la caída, fue que esto vivido me demostró que los límites son mentales.

Es simple (que no es igual a decir que es fácil) deducirlo.

Dos minutos en caída libre. Ya no sentí ningún vacío, ni miedo. Sentía confianza en mí mismo; ¡lo había logrado! Luego sentí un tirón fuerte; se acababa de abrir el paracaídas.

Me sentí como un invitado especial de Dios, admirando como en zona VIP: el paisaje; las nubes y el cielo, sintiendo el aire, entendiendo la relatividad de la vida, porque desde allá arriba todo se veía pequeñito allá abajo, hasta los problemas…

Me asombré de que yo, que soy un parlanchín, me había quedado sin palabras. Teníamos ya siete minutos en el aire. Nos acercamos a la tierra. A punto de aterrizar. Aterrizamos y yo estaba temblando. Temblé, pero no de miedo, sino por la adrenalina que viajó a mil revoluciones dentro de mi cuerpo. Agradecí que estaba vivo. Agradecí las oportunidades. Agradecí a Dios el guiar mis pasos. Agradecí el haberme atrevido a hacerlo.

Ya estaba en tierra, pero seguía flotando mentalmente, reviviendo lo que acababa de vivir. En ese pequeño momento, pensé en mi vida y en lo que significaba cada evento que me había llevado hasta allí.

Querido lector, te pregunto:

¿Conoces cuáles son tus límites?;

¿Crees que estás a tu máximo potencial?;

¿Te retas a vencer tus miedos?;

¿Prefieres la seguridad de tu zona de confort?

Hoy aún soy capaz de revivir lo que sentí con la adrenalina recorriendo mi cuerpo y mi mente flotando en el aire, y les puedo decir que…

Me lancé siendo un temerario, y ahora lo que siento es que soy poderoso.

Soy poderoso sobre mis miedos.

11/11/2017

Renacer escribiendo

No tenía idea de la cantidad de puertas
que puede abrir el simple acto de escribir.

Stephen King

*U*na suma de acontecimientos no deseados en el año 2011 me hizo ser lo que soy hoy, y en mi libro *Más allá de mis manos*, que bauticé el 11 de noviembre del año 2017, logré por fin convertir esos acontecimientos en un legado de vida a tan corta edad.

A veces pienso —y estoy convencido de ello— que desde que nacemos nuestra vida está escrita, y que solo depende de nosotros seguir el camino marcado para ella. Por supuesto que siempre regreso a analizar cada decisión tomada junto a los acontecimientos que llevaron a la amputación de mis manos y piernas, en cómo esa desafiante realidad me mostró que debía hacer una pausa en los sueños que había soñado, pero no para desecharlos o posponerlos, sino por el contrario, para potenciarlos y mejorarlos.

El 11 de noviembre de 2017 fue un día inolvidable, memorable y sobre todo mucho más retador que, incluso, todo lo que había vivido para llegar hasta él. Ese día me tuve que enfrentar a otro de mis miedos paralizantes: el de hablar en público delante de más de 150 personas que estaban allí única y exclusivamente para verme, y para ver el resultado de tantas y tantas horas de trabajo escribiendo mi libro *Más allá de mis manos*.

El resultado de enfrentar mis miedos fue que logré hablar delante de 150 personas, y que solo en esa noche se vendieran allí mismo alrededor más de cien libros.

Sin pensarlo, habían sido los primeros libros que cambiarían la vida a esas personas, sin imaginar que, luego de más de dos años, ¡esa iba a ser mi motivación más grande!

Estar allí fue una mezcla de expectación con euforia, de incredulidad con magia, de consciencia con agradecimiento.

Estar allí, eufórico, junto a tantas personas importantes y famosas como: Chino Miranda; Nelson Bustamante; Maikel Melamed y Carolina Sandoval no me hizo olvidar ni por un minuto a los no tan famosos como estrellas, pero sí importantes desde el momento en que caí en esa vorágine de la bacteria que me quitó las extremidades y me regaló el mundo con sus infinitas posibilidades. Todos ellos, famosos y no tan famosos, decidieron apostar por mí, por mis ganas de contar al mundo lo que me ocurrió y de cómo llegué hasta allí.

**Eso realmente no tiene precio,
pero sí tiene un valor incalculable.**

Esa noche, observando todo eso pensaba: "Franklin, tú no tienes ni la menor idea de lo que viene, porque ni en tus mejores ideas no estuve ni siquiera cercano a imaginar lo que estás viviendo hoy aquí".

El bautizo del libro me abrió no solo ventanas, sino también muchas puertas para llevar mi mensaje a través de distintas plataformas. Las entrevistas llegaban como solicitudes cada día. Yo me sentía como una estrella de *rock*. Tan solo unos días antes era un total desconocido, y a partir de ese bautizo parece que me hubiesen metido dentro de una película cuyo protagonista era yo.

Recuerdo perfectamente que dos semanas después fue el Día de Acción de Gracias, y ese día no me cansé de agradecer una y otra vez por todo lo que estaba viviendo, porque me dieron la posibilidad de sobrevivir, de conectar con el Franklin que iba a cambiar su forma de vida y que decidiría transformar esa experiencia en un libro que también comenzaba ya a escribir su propio camino transformando las vidas de quienes lo leyeran.

Analizaba una y otra vez qué había marcado la diferencia en ese trance tan grande en mi vida y la única respuesta que recibía era que había usado las palabras correctas dentro de mi mente, que yo había decidido conectarme con el "¿para qué?", en vez de conectarme con el "¿por qué?" me había ocurrido.

El 11/11/2017 me mostró las infinitas posibilidades que recién se estaban abriendo ante mí. Entendí esa noche que estaba naciendo un escritor, pero que quizás ese era solo el principio de todo lo que podía llegar a ser.

Descubrí la seriedad del compromiso que estaba asumiendo para mi vida. Y me gustó.

Esa noche y los días siguientes, entre entrevistas y llamadas telefónicas, pude ir comprendiendo lo que significa marcar un rumbo, mostrar un camino, sentar las bases para que tantas otras personas puedan verse reflejadas allí y saber que hacer eso es devolver a Dios la gracia de los talentos que en mí depositó.

Cuando observo los problemas que me plantean las personas que se acercan a mi o que asisten a mis conferencias, siempre retorno a los acontecimientos que me trajeron hasta aquí, y procuro entonces brindarles, más que una respuesta, unas preguntas que les permitan observarse a sí mismos y a sus desafíos, quizás con una perspectiva que les permita ver las posibilidades que tienen y cómo podrían abordarlas.

Siento que es un ejercicio interesante dejarte esas preguntas por aquí, porque entonces puedes justo hoy, leyendo mi libro, no solo llevarte la narrativa de mi historia, sino que también puedes trabajar tu propia vida. Esas preguntas son sencillos planteamientos que pueden llevar a grandes cambios:

¿Tienes idea de cuál es tú propósito de vida?

¿Te has preguntado si lo que te ocurre es para que rompas la inercia que estás viviendo?

¿Te has planteado ver la situación que te aqueja de una forma diferente?

¿Sientes que estás honrando tu potencial o estás desperdiciando días?

¿Cada cuánto tiempo te preguntas si esto es todo?

Te aseguro que revisar estas preguntas y responderte cada cierto tiempo, te hará más proactivo que reactivo, y eso hará que honres los dones y talentos que te fueron otorgados.

Mi reflexión respecto a todo lo que viví el día del bautizo de mi libro el 11/11/2017 y los días posteriores, es la siguiente:

Muchas veces pensamos (mente) que las cosas que soñamos no son posibles de conquistar, pero cuando buscamos en uestro interior (corazón) nos damos cuenta de que realmente nada es imposible. Somos capaces.

Yo soy un ejemplo permanente de eso.

Mi aprendizaje, tras haber transitado ese maravilloso día, es que:

Una vez que cruzamos esa línea del miedo, entramos en una completa felicidad. Entonces, qué prefieres: ¿vivir con miedo o arriesgarte a ser tu mejor versión?

Aprendamos a ver las cosas de manera distinta para que las cosas sean de manera distinta.

YO,
EN UN DOCUMENTAL

¿Quién lo iba a decir?

No sabemos todo lo que podemos nadar,
hasta que nos sueltan en mar abierto estando solos.

Franklin Mejías Castellanos

¡Piensa rápido!: ¿qué pasaría si te dijera que tu vida va a cambiar radicalmente de un día para otro? A) ¿Te asustarías? B) ¿Te emocionarías? C) ¿Te asustarías y emocionarías simultáneamente?... bueno, eso no me lo preguntaron a mí, pero fue lo que me ocurrió cuando me plantearon hacer un documental sobre mi libro *Más allá de mis manos* y mi respuesta fue la "C"; asustado y emocionado.

Jorge González, aparte de haber sido una gran e importante clave para el libro *Más allá de mis manos*, también visionó el documental, y creó el borrador de la propuesta. Al leerlo yo me quedé con una mezcla infinita de emociones encontradas entre el miedo y el coraje. Miedo, hacia lo desconocido, y coraje, porque ya había comenzado a entender que abrí la puerta de las oportunidades y que no me iban a dejar bajar de ella… ni yo pensaba hacerlo. Sentí un nudo en la garganta y unas inmensas ganas de llorar, pero de alegría.

Debo reconocer que cuando escribí el libro, jamás imaginé que podían pensar en hacer un documental sobre él.

Soy el instrumento para algo mucho mayor. Eso es lo que voy entendiendo.

Jorge González pensó que una recopilación de las mejores frases del libro sería un perfecto guion. Yo lo escuchaba realmente asombrado, porque no tenía ni la más remota idea de cómo se iba a hacer todo eso, ni cómo eran las cámaras, ni cómo se grabaría. Lo que sí sabía era que nada de eso era un azar y que yo estaba allí para decir: "¡Sí!".

Y ese fuerte [sí], se hizo más intenso cuando comencé a escuchar lo que él me iba proponiendo: tendríamos un día completo de grabación, que tomaríamos un bote y navegaríamos hacia mar abierto, que él utilizaría un dron y muchos más detalles que no son ni remotamente tan intensos y emocionantes como los que realmente viví al grabarlo, y mucho menos al ver el documental listo.

El video llega al corazón… y no podría ser de otra forma, porque es mi experiencia de vida transformada en una poesía hecha video.

El día que fuimos a filmar el documental fue un martes 15 de mayo de 2018. Mi papá no pudo acompañarme porque tenía que trabajar, por lo que Jorge González me fue a buscar a mi casa y nos fuimos en su automóvil hasta Miami. Al llegar allá, fuimos hasta una marina donde nos estaba esperando el resto del equipo de grabación para montarnos en un bote el cual nos llevaría a grabar todas las tomas del documental. En total, éramos cinco personas: Jorge González; Orlando Adriani; José Méndez; Otto Díaz y yo. Y, siendo honesto, había subido muy pocas veces a un bote, y mi nivel de miedo iba en aumento, porque debo confesar que siempre he sentido un gran respeto por el mar y su furia cuando no está de buen humor.

Ahora, imaginen ustedes que además de montarme en el bote, también iba a lanzarme al mar, en mar abierto… algo que nunca había hecho. Mi corazón latía con tal fuerza que parecía que se me iba a salir del pecho. Comencé entonces a quitarme las prótesis de mis piernas para estar listo para cuando tuviera que lanzarme al agua. De repente, vi que Jorge venía hacia mí y me pidió permiso para quitarme mi cadena, porque pensaba que era más seguro que me lanzara sin ella al mar. Jorge no lo sabía, pero esa cadena formó parte de mi proceso de recuperación, y siento con ella una gran fuerza en mi interior. No le dije nada, pero al quitármela me sentí como desnudo del alma.

Me preparé para saltar al agua, y lo hice. Junto a mí se lanzó al agua Otto, un integrante del equipo de producción y observó todo el lugar, la profundidad y verificó que efectivamente yo sabía flotar y nadar. Hecho esto, Jorge nos indicó desde el bote que Otto tendría que dejarme solo allí, y que además ellos debían alejarse con el bote alrededor de 70 metros, para que el dron pudiera hacer la toma y que no salieran ellos.

Imaginen ustedes, si ya yo estaba con el corazón acelerado, cómo se puso en estado de alerta el resto de mi cuerpo. Me estaban dejando solo allí, aunque yo sabía que con solo hacer una señal o gritar, estarían a mi lado en menos de dos minutos. No corría peligro, pero el miedo es libre, me decía a mí mismo: «Tranquilízate, Franklin, ¿tú no querías ser una figura pública?, bueno, ahora lo eres».

Creo sinceramente que, si hiciera eso actualmente, lo pensaría más de diez veces, y quizás no lo haría. De verdad que he sido valiente. Lo pienso y aún se me acelera el corazón.

Pero regresemos a la grabación del documental. Comencé a ver cómo se alejaba el bote, mientras Jorge me iba hablando para que pudiera saber que ellos podrían escucharme si yo gritaba. Su voz se fue alejando, tanto, que casi era un susurro. Mi mente seguía su juego: "Estás solo, este mar es infinito, no tienes tus prótesis", y recuerdo que Jorge me gritó: «¡Comienza a nadar!», y que yo comencé a hacerlo sin un rumbo fijo, cerrando los ojos porque no había llevado mis lentes para nadar. Luego me seguía dirigiendo: «¡Ahora, flota!», y yo di la vuelta y comencé a flotar boca arriba y allí sobre mí vi el dron que me estaba filmando. Eso me fue distrayendo del susto inicial y me fue cautivando al ver cómo piloteaban el dron, era como un pequeño helicóptero que me hacía cosquillas en la cara con el viento creado por sus hélices, era increíble cómo se acercaba y cómo se alejaba de mí. Entre nadar y flotar, pasé como dos horas dentro del agua, pero debo reconocer que para mí fue muy rápido, por lo que puedo asegurar que, a pesar del susto, lo disfruté muchísimo y eso me llevó a pensar allí mismo en los dos aprendizajes más repetitivos a lo largo de todo este proceso:

Aprendizaje 1:

"Franklin, la única forma de superar tus miedos, es enfrentándolos".

Aprendizaje 2:

"Franklin, rodéate de profesionales y gente que ama lo que hace, y siempre estarás en las mejores manos".

Una vez que terminaron de grabar todo lo que necesitaban, acercaron el bote y comenzaron a hacer otras tomas desde distintos ángulos, tanto nadando como flotando. De allí nos dirigimos hacia una pequeña isla y se hizo una de las tomas que más me emocionó: la del cierre del documental. Para esa toma me lancé del bote hacia el mar y me fui nadando hasta la orilla y al llegar allí le hablé directamente al dron y le dije: "Mi nombre es Franklin, mis apellidos Mejías Castellanos, y esta es una historia que he decidido contarte, sin prejuicios". Esa toma aún me hace decir: "¡*Guao*!".

El trabajo de Jorge y su equipo fue impecable, profesional, apasionado y hecho con muchas ganas. Verlos hacer ese trabajo fue una experiencia enriquecedora, casi como como si estuviera estudiando y ellos fuesen un libro para mí. Fue un día muy intenso, de poco descanso, aunque me regalaron un rato para bañarme y llevar sol en la isla. Un día en el que entendí lo que es hacer lo que se ama.

Cuando se ama lo que se hace, no se trabaja,

vives a tu mayor potencial.

De regreso, en el bote, me puse mis prótesis y regresamos a la marina. Había terminado la filmación en el mar, pero aún faltaba una parte más ese día: ponerme mis prótesis de correr y filmarme con el dron en el estacionamiento de la marina. Esa parte también fue emocionante y muy divertida. De verdad que lo gocé y mucho, porque correr es una forma de decir: "¡Sí se puede!". Creo que por eso me gusta tanto.

Terminamos la filmación por ese día, porque había llevado mucho sol y ya todos estaban un poco agotados. Al ir hacia mi casa, de regreso, Jorge tenía más sorpresas para mí. El documental requería de más días haciendo lo que yo hago, es decir, faltaba aún que me grabaran haciendo otras cosas que me gusta hacer. Fue así como comenzó el recorrido por el resto de mi vida: compartiendo en mi casa con mi familia; en mi cuarto poniéndome las prótesis; montando bicicleta y jugando tenis de mesa.

La experiencia de la grabación del documental fue realmente maravillosa. Entendí una vez más la importancia de rodearse de personas globo, esas personas que solo saben ir hacia arriba y que te impulsan a ser tu mejor versión siempre. Así fue mi experiencia con Jorge y todo su equipo.

El documental estuvo listo el 13 de junio del 2018, tuvo una receptividad increíble, recibí muchos buenos deseos por tan impecable trabajo. Me gustaría repetir parte de la experiencia nuevamente. Quién sabe, quizás con este libro…

Ese documental cambió mi vida.

Cambió mi manera de pensar en muchos aspectos.

Logré llegar y tocar muchas vidas con mi mensaje.

Cuando hago una retrospectiva de esta experiencia, reflexiono que una enseñanza importante también fue el aceptar ponerme en manos de los expertos, de los que más saben. Que como yo siempre quiero hacer las cosas como pienso y creo, esto me demostró que es fundamental entregar el testigo a quienes saben más y tienen más experiencia, para que tu proceso sea en armonía, con resultados y sobre todo que puedas disfrutarlo hasta el límite.

Suelta el control. Ponte en manos de los que saben.

En este punto les preguntaría a ustedes:

¿Eres de los que quieren controlar todo?

¿Eres de los que saben soltar?

¿Cómo te sientes cuando quieren dirigirte?

¿Crees que solo tú sabes hacer las cosas?

¿Somos capaces de entregar la batuta para que nos dirijan?

Revisa tus respuestas y tendrás luz sobre mucha de las cosas que te ocurren con frecuencia.

¿Te atreverías a mostrarle al mundo quién eres realmente?

LOS EMMY

¿Un sueño?, ¡no!, una realidad

Solo es capaz de realizar los sueños el que,
cuando llega la hora,
sabe estar despierto.

León Daudí

En la mañana del 15 de octubre de 2018 —cuatro meses después de haber publicado el documental de mi libro *Más allá de mis manos*— estando yo con unos amigos, recibí una llamada totalmente inesperada. Tomé el teléfono y del otro lado estaba Jorge González muy emocionado. Me dijo de un solo golpe: «Franklin, estamos nominados al Emmy». Yo me quedé mudo. Imagínense, yo que no paro de hablar, me quedé mudo, y sentí que mi corazón latía con tanta fuerza como un tambor en una banda escolar, ¡bum!, ¡bum!, ¡bum! Todos a mi alrededor dejaron de hablar al ver mi cara.

Así recibí la noticia de la nominación a los Premios Emmy de mi documental; ¡increíble!

Cuando yo conté a todos los que estaban allí conmigo lo de la nominación, comenzamos a gritar, saltar, abrazarnos y reír como locos. La felicidad tiene muchas caras, y allí me mostró, una vez más, la cara del compartir la alegría del esfuerzo sostenido. Allí me quedé por un largo rato bromeando sobre mi fama, ja, ja, ja, y todos reían, porque entonces ellos eran los amigos del famoso. Ya entrada la noche, nos despedimos y me fui a mi hogar.

Cuando llegué a mi casa se lo conté a mi familia y fue otra algarabía total. Mi papá me abrazaba, mi hermana saltaba, no podía contener las lágrimas. Luego de eso llamé a mi mamá en Venezuela para darle la grandiosa noticia, aunque ella no entendía muy bien lo que era, estaba muy orgullosa de mí, y eso que solo era una nominación. Después fui y me bañé, y al estar descansando en mi cama me puse a revisar lo de las nominaciones para ver en qué categoría había quedado mi documental, y de repente me di cuenta que no era una sola nominación, ni dos… sino tres nominaciones al Emmy.

Les confieso, no me salía la voz para llamar a mi familia y exclamar la gran noticia. Me quedé sentado tratando de asimilar todo. Yo, Franklin Mejías Castellanos, aquel muchacho que un día salió de su país natal, Venezuela, con el sueño de conocer a Mickey Mouse, ahora estaba sentado viendo su nombre concursando en un evento de renombre internacional. Ni en mis mejores sueños infantiles podría haber soñado nada parecido.

Aun viendo la noticia escrita de las nominaciones, seguía sin creérmelo.

Como otras veces, creo que muy normal para un muchacho, comencé a dudar que pudiese ganar en alguna de las nominaciones. Ya saben, en nuestra mente siempre hay el que te habla para triunfar y el que quiere que todo se quede tranquilito. He tenido que aprender, por las buenas y por las no tan buenas, que para que gane el de triunfar soy yo quien debe dirigirlo.

Nos comunicaron la fecha y comenzamos a ver cómo me iba a vestir; cuál sería la mejor ropa; con qué me vería mejor; si llegase a tener que subir a recibir algún premio...

Y llegó el día: 1° de diciembre de 2018. La noche anterior me fue imposible dormir. Estaba tan emocionado que cada momento abría los ojos y la película de mi vida pasaba ante mí… no el documental, la vida real. Todo lo que había vivido para llegar hasta aquí.

Esa noche previa a los Emmy, volví a entender que mi destino estaba trazado. Que vine a hacer algo mucho más grande que cualquier sueño que hubiese tenido.

Nuevamente, agradecí a Dios el permitirme cumplir el propósito por el que él me mandó al mundo.

Ese 1° de diciembre todo fue una locura en la casa, y llegó la hora de irnos para el evento. Mi papá me llevó en su carro y condujo hasta Orlando. En todo el trayecto íbamos conversando sobre los cambios que estaban ocurriendo en mi vida. Pasar de ser un niño que jugaba en la calle con sus amigos a tener ahora piernas de titanio, también con brazos y manos poderosas, un libro escrito y publicado, un documental filmado y ahora nominado a varios premios Emmy. Recuerdo la cara de mi papá… una mezcla de sorpresa y orgullo con un amor que sobrepasaba todo lo que cualquiera pudiera imaginar. Ese premio ya era mío: ¡mi papá!

Y llegamos al evento. Comenzamos a caminar hacia la alfombra de los nominados. Allí me conseguí con muchos conocidos, entre ellos: Natalia Rodríguez, quien me hizo un reportaje para Telemundo - Tampa; Marko Pérez, unos de los influencer más importantes de mi país Venezuela… era yo en mis mejores y más emocionantes momentos, junto a mi papá, Nelson Bustamante, Jorge González, Antonio Paris, Orlando Adriani. Todos ellos personas que estábamos vibrando con la alegría de mi documental.

Fuimos caminando hasta la mesa asignada. Una hermosa mesa decorada elegantemente de blanco y todas las personas asistentes muy pero muy elegantes también. Yo me vestí también muy elegante, me puse —como decimos en buen venezolano— mi mejor "pinta", esa donde nos dicen que parecemos un muñequito de torta, ja, ja, ja. Claro que mi atuendo fue el que más llamó la atención, porque fui el único que fue vestido de etiqueta, pero con short bermudas, para poder mostrar mis prótesis que también eran protagonistas esa noche.

Y listo. Nos sentamos, comimos y seguimos conversando emocionados. De repente, me di cuenta que en cada lado del asiento estaba un libro de todas las nominaciones de los premios Emmys esa noche. Lo tomé y comencé a hojearlo para ver mis tres nominaciones e írselas mostrando a mi papá. Encontramos la primera, la segunda y la tercera y, cuando ya voy a cerrar el librito, me doy cuenta que había una cuarta nominación. No lo podía creer…

No era una, ni dos, ni tres nominaciones… ¡eran cuatro!

¡*Guao*!, ¡*guao*!, ¡*guao*!, qué alegría sentimos mi papá y yo al enterarnos allí mismo de las cuatro nominaciones. Te pregunto querido lector:

¿Has soñado un sueño inalcanzable en tu mente?

No lo abandones… la vida es infinitamente sorprendente.

A veces no confiamos en nuestras capacidades o desconfiamos de los resultados. Nos sentimos incrédulos con los procesos que vamos viviendo, pero el plan de Dios es sumamente perfecto.

Comenzaron las nominaciones y Jorge González, el productor del documental me dijo: «La primera nominación es de la producción del video. Si la ganamos tú vas a subir con nosotros y vas a decir unas palabras». Allí empecé a sentir ese cosquilleo de emoción con pánico que antecede a las cosas más increíbles que he vivido. Yo me había preparado y llevaba un papel donde había escrito lo que iba a decir si me ganaba alguno de los premios, pero el susto estaba allí. No se imaginan la cantidad de personas en el lugar y además super reconocidos, y yo allí entre ellos.

Y viene la nominación de mejor producción de documentales, era una de las categorías en la cual estaba nominado. Para mí todo fue un silencio abrumador y, como en cámara lenta, escuché: «El video ganador es: **Más allá de mis manos**». Al principio, unos solos segundos, me quedé como atontado, pero reaccioné de inmediato saltando una y otra vez sobre mis prótesis y abracé a mi papá. Todos los de la mesa nos abrazábamos, la gente nos aplaudía, se reían de mi emoción. Me fui directo a abrazar a Jorge González y a Nelson Bustamante, los productores visionarios que apostaron en mi historia y así nos fuimos caminando hacia la tarima donde entregaban los premios.

Cuando subimos y nos entregaron la estatuilla del Emmy, Jorge me abrazó y me dijo: «Franklin, esta es tu obra y tu Emmy. Gracias por confiar en mí». En ese momento tan corto, pensé en todo lo que me llevó hasta allí y, sobre todo, pensé en mi amado país, Venezuela, y en que ese premio también era para ella. Bajamos, y mientras caminábamos hacia la mesa, nos aplaudían, saludaban y sonreían.

Nos sentamos y seguimos escuchando las nominaciones. Llegó el momento de la nominación de personas. Yo estaba nominado con mi historia. Nuevamente Dios hizo su obra y allí estaban pronunciando mi nombre. Me estaba llevando mi segunda estatuilla de la noche con mi historia de vida hecha libro escrito y convertido en documental. Ese momento fue alucinante. Esta vez era yo solo y subí corriendo a recibir el premio. Leí lo que llevaba escrito, pero debo reconocer que no recuerdo ni cómo pude hablar. Al bajar grabé un video para mis redes sociales y la voz no me salía, los brazos me temblaban y parecía que iba caminando en una película dentro de otra película… la de mi vida transformada en instrumento de Dios.

Así fueron pasando más nominaciones y llegaron entonces los otros dos premios, que también nos ganamos, el de mejor edición y el de mejor fotografía.

Nos habíamos ganado esa noche cuatro Premios Emmy.

¡Sin saberlo me convertí en el muchacho de 18 años que hizo varios de sus sueños realidad logrando que su historia ganara cuatro Premios Emmy!

A partir de allí, el revuelo que causaron los premios fue de relevancia internacional, y en Venezuela todos los portales de noticias se hicieron eco de ella. Portales como Caraota Digital, La Patilla, entro otros, reseñaron los premios ganados por los venezolanos. Me sentí, más que una persona reconocida, como un superhéroe de mi país.

Entendí esa noche lo que debe sentir un atleta cuando gana una o varias medallas olímpicas para su país. Recordé allí mismo mi sueño de ir a unas olimpíadas a representar a Venezuela y entendí que quizás, esta era la mía.

La noticia corrió por todas las redes sociales y, en esa sola noche, más de 15.000 personas comenzaron a seguirme en las mías. Había pasado a ser una figura pública. Comenzaba a crear una responsabilidad a partir de esa fama súbita.

Tiempo después, viendo un video de Steve Jobs donde él les narraba algunas experiencias a unos graduados de la universidad, hice clic con una premisa que planteó allí. Les dijo a los estudiantes que la vida solo era posible conectarla en puntos hacia atrás. Que cuando llegamos a un punto y volteamos a revisar los eventos que hemos vivido, nos damos cuenta que cada punto importante nos hizo llegar justo hasta donde estamos. En eso estoy totalmente de acuerdo con él. Yo no habría escrito mi libro, ni habría hecho un documental sobre él y mucho menos me habría ganado cuatro Premios Emmy, si en mi vida no hubiese existido aquel día que transformó por completo mi existencia: el 11/11/11.

Eso me lleva a plantearte algunas de las preguntas que de vez en cuando me hago para llevarme a comprender lo que he vivido y lo que quiero vivir:

¿Te preguntas alguna vez qué habría pasado si no hubieses tomado una decisión?

¿Haces el ejercicio, al menos una vez al año, de preguntarte cómo estabas tú hace cinco años?

¿Podrías mencionar al menos cinco eventos que hayan cambiado el rumbo de tu vida?

Sé que aún soy muy joven y que me falta mucho por vivir, pero puedo asegurarte que desde el 11/11/11 no soy quien era, ni quien quería ser. Soy quien Dios transformó en su maravilloso instrumento de comunicación de constancia, templanza, entereza y alegría de vivir.

La frase que se me viene a la mente cuando pienso en los Premios Emmy es: ¡Arrasamos!, ja, ja, ja, y eso es absolutamente terrenal y divino.

¡No tengo la menor duda de que el límite no es ni el cielo…
y lo voy a demostrar!

SOUTH BROWARD HIGH

El piso de mis pasos

Cuando eres fiel a ti mismo en lo que haces,
cosas fascinantes ocurren.

Deborah Norville

¡Rápido!, ¿qué pasaría si todos tuviéramos el poder de retroceder en el tiempo (no para cambiarlo sino para revivirlo)? ¿A qué fecha te gustaría ir? ¿Por qué seleccionarías esa fecha? ¿Cuánta fuerza le darías al revivir toda esa historia?

Les digo, mis respuestas, esa mañana después de mi graduación, fueron rápidas y precisas: me gustaría regresar al primer día en que comencé a estudiar en mi High School, Sin pensarlo, volvería a vivir esos cuatro maravillosos años, porque fueron de los días más ansiosos y de incertidumbre positiva que he vivido y volvería a vivirlos intensa y apasionadamente.

Esta anécdota es muy importante para mí y mi vida. Allí crecí. Entré siendo un niño de catorce años y salí graduado a los dieciocho años, y ¡guao!, esa experiencia vista como un recuerdo es intensa.

Imagínenme a los catorce años, entrando a 9.° grado, un muchacho inmigrante, después de haber vivido todo mi proceso particular con mis manos y mis pies, entrar a estudiar en otro idioma distinto a mi lengua materna, sin conocer a nadie, sin amigos de mi escuela pasada. Realmente fue retador y desafiante.

¿Qué me ayudó muchísimo?: mi capacidad de ser una esponja para absorber todo lo que veía y ocurría a mi alrededor, mi forma de ser, siempre abierto a lo que venía, mi capacidad infinita de asombrarme por las cosas más simples y, sobre todo, la cantidad de personas increíbles que fueron conectándose a mi vida: estudiantes, profesores, asesores, entre tantos otros.

Si alguien me hubiese dicho lo que mi High School South Broward iba a significar en mi vida, quizás no le hubiese creído. Imagínense que yo no quería asistir a esa escuela, sino a una más moderna —como decimos los venezolanos— una escuela privada, para mí, más "sifrina", pero Dios tenía escrito para mí ese camino, justo allí. Y hoy lo agradezco fervientemente.

Ese primer año (9.° grado) fue de siembra del gusanito de la inquietud por ver el mundo de una forma distinta. Ese año tuve siete materias distintas, y clases todos los días de lunes a viernes.

Fue realmente intenso y desafiante, porque además de tener que aprender las materias propiamente dichas, yo tenía que estudiar inglés para poder entender las clases y hacer las tareas. Ese año comencé a crear mis lazos de amistad y a sembrar este camino que me llevó a la cosecha de mi graduación y mi título. A este año lo llamé: "Mi año del enfoque".

Recuerdo que la primera clase fue Tierra y Espacio con un profesor llamado *Mr*. Herrera. Como pude llegué y entré al salón, la puerta era muy pesada, había alrededor de veinticuatro mesas de dos puestos cada una. Casi ya sonaba el timbre y la clase ya estaba llena. Me preguntaba en dónde me iba a sentar, me preguntaba qué iban a pensar mis compañeros sobre mí —mi mente decía que iba a salir corriendo—. ¿Y qué creen ustedes?, no fue así. Como pude, encontré un asiento. Siempre he sido una persona supersociable, recuerdo que simplemente le sonreí y él me respondió con una gran sonrisa también. Se llamaba Alan Martínez y era de Argentina. Sin creerlo, ya había superado el primer reto de High School.

Poco a poco fui perdiendo el miedo, hasta que logré conocerlos a todos, y cuando les digo que a todos, me refiero a todos: desde la seguridad del colegio, los profesores, los que trabajaban en la oficina, hasta todos los estudiantes.

En 10.° grado las cosas cambiaron un poco... bueno, seré más sincero, cambiaron mucho. Ese fue el año cuando bauticé con el nombre de "Mi año rebelde". Sí, lo sé, pero ¿qué les puedo decir?, yo también fui adolescente. Fue un año donde muchos amigos llegaron, donde empecé a salir y a disfrutar mi preadolescencia. Admito que también me estaba conociendo a mí mismo. Un año en el que me preguntaba, casi que a diario, si iba a poder lograrlo... porque fue muy desafiante el continuar aprendiendo el inglés y a razonar en otro idioma diferente al de la lengua materna. Créanme, dudé mucho. En la clase de ESOL, donde estaba aprendiendo inglés, la profesora *Ms.* Rodríguez me quería retroceder un nivel, porque no estaba dando lo mejor de mí, académicamente. Puedo decir que ese fue mi despertar, y algo fue ocurriendo en paralelo a mis dudas. Como comencé a hacer más y más amigos, empecé a entender que los valores de mi hogar eran una puerta que abría otras más grandes: mi puntualidad, mi responsabilidad con las tareas, mi enfoque para mostrar a otros de lo que era capaz, y sentí que esa forma de ser mía la inyecté a toda la escuela. Me veían como ese niño le faltaban las manos y los pies, pero le sobraban ganas de aprender y ser ejemplo para alumnos y profesores. Así que —como decimos nosotros los venezolanos— ese año "me puse las pilas", y todo eso me hizo ganar la admiración de mis maestros.

Entonces, imaginen ustedes: rebelde interior y admirado exterior. Toda una mezcla increíble. ¡*Guao*!, aún hoy lo siento como ayer.

Cuando hacemos las cosas de la mano del corazón, entonces la vida te sorprende...

Digo esto porque justo yo —que no quería estudiar allí— al irla conociendo me mostró que la actitud es fundamental para encarar los eventos y que mi disposición a hacer de esa escuela "mi escuela", cambió por completo mi rechazo inicial. Yo había creado en mi mente, por adelantado, una mentira sobre ese colegio, y lo peor es que me lo había creído y estaba convencido de que esa mentira era la realidad, me aferraba a aquella para no aceptar que me había equivocado. Ahora tenía que reconocerlo: yo califiqué por adelantado con adjetivos no gratos a mi colegio, y me había equivocado por completo.

Mi aprendizaje hasta este punto fue que no debía suponer nada, que debemos vivir lo que viene y actuar con la mejor disposición.

¿El enfoque?... es la actitud.

En el año 2016-2017 obtuve mis mejores calificaciones, y ese año comprendí que el High School sería el trampolín para mi próxima meta. Sí, así es. Ese año inicié la escritura de mi primer libro *Más allá de mis manos* y comencé a interesarme en el apasionante camino de los motivadores, inspiradores y desarrolladores de la superación personal. Ese año fue el despertar a una nueva visión de la vida. Entendí que ya había quemado bastante mi preadolescencia y que necesitaba hacer algo productivo.

Recuerdo que comentaba a mis profesores que estaba escribiendo un libro y ellos se asombraban y —aunque yo no tenía ni idea de cuándo lo iba a terminar— el hecho de conversarlo con amigos y familiares y maestros fue creando un compromiso más allá de mí. Ese compromiso al principio fue ligero, pero paso por paso fui entendiendo el nivel de impacto de lo que podría significar, entonces armonicé mis tiempos entre los estudios, mi familia, mis terapias y la escritura de mi libro junto al estudio de mi proyecto de vida como instrumento de ejemplo de superación personal.

Fue así como —en un abrir y cerrar de ojos— me vi transitando mis dos últimos años del High Scholl, 11.º grado y 12.º grado. Pasaron tan rápido que aún estando allí, comencé a sentir una rara nostalgia cuando veía a los alumnos nuevos llegar.

En el 12.º grado, al que bauticé "La locura", todo fue a una velocidad vertiginosa, como si estuviera montado en un kayak bajando por los rápidos de un río enfurecido. Lo disfruté tanto tanto que era como sentir que el agua y la brisa de esos rápidos de agua por los que bajaba con mi kayak personal me tocaban y mojaban la cara, y yo resplandecía de alegría. Fue rápido ese año, creo que demasiado rápido para mi gusto. Sería genial tener el poder de poner el tiempo en modo lento y poder vivir los mejores momentos en cámara lenta. Se saborearían mejor. Ese año fue meta tras meta, fue como cuando un pintor por fin termina su obra que tanto tiempo le tomó culminar. Me sentía invencible, éramos los mayores de toda la escuela, dando el ejemplo siempre, ese año hice más de 150 horas comunitarias en diferentes eventos después de clase, el mínimo eran cuarenta, pero yo quería resaltar entre los mejores.

Quizás mi aprendizaje aquí es que no hay segundas oportunidades para vivir un mismo momento, así que lo mejor es disfrutar el ahora.

También, ese año no solo aprobé todos mis exámenes, sino que además fui él mejor de todos los estudiantes y de los primeros en obtener todos los requisitos para obtener mi título. Me convertí en un mensajero de acción y de vida.

Mis compañeros me preguntaban que cómo lograba hacer todo lo que hacía, hacerlo bien y además mucho antes que ellos. Y yo les decía que "cuando nos proponemos algo en la vida, no importan las tormentas ni los contratiempos, siempre debemos comprometerse y entregar el 100 % para convertir los imposibles en posible".

Cuando alguno se sentía decaído o no veía solución a lo que estaba sucediendo con sus clases y exámenes, yo le recordaba mi anécdota en la clase de biología. En esa clase nos tocó un laboratorio práctico, y debíamos hacer una disección a un sapo con unas tijeras... entonces yo le decía: "¿Qué puede ser más retador para alguien que no tiene manos que abrir un sapo con unas tijeras?... Si yo pude hacer eso, tú puedes hacer cualquier cosa también". Y eso le cambiaba la percepción de sus problemas. Aunque debo decir que no todos mis compañeros se graduaron junto a mí, lastimosamente se dejaron llevar por otras cosas que para ellos eran más importantes en ese momento de sus vidas. Nosotros decidimos nuestro destino.

Y así, recorriendo esos maravillosos cuatro años, llegó el momento de mi graduación. Me gradué con honores y con el corazón vuelto un lío entre la alegría del logro y la tristeza de dejar mi amado colegio. Comprendí —y me alegré de hacerlo— que mi High School South Broward se había convertido en mi segundo hogar, en mi extensión de la familia.

Debo confesar que aún hoy, escribiendo este libro en el 2020, quisiera poder estar caminando los pasillos de mi escuela y revivir aquellos fabulosos cuatro años.

Insisto: deben enseñarnos a trabajar nuestros sentimientos y emociones. Esa debería ser una clase fundamental en la escuela o al menos proveernos herramientas que nos ayuden a comprendernos mejor en esa etapa de nuestras vidas.

NIRVANA PROJECT

Un antes y un después

*Hay tres pautas básicas: tomarse en serio las cosas que hacemos,
dedicarse en cuerpo y alma a lograr el objetivo que te has puesto
y convencerse de que lo importante en la vida
es terminar lo que empiezas.*

Josef Ajram

Me levanté con la alegría de siempre. De camino a mi baño, observé que algo me inquietaba. Regresé a mi cuarto y allí las vi: mis dos prótesis de correr. No sé por qué razón aquel día fue distinto a tantos anteriores. Fue como que si ellas quisieran hablarme. Si hubiesen podido hacerlo me habrían dicho: «¿Franklin, por qué nos has abandonado? ». Bueno, para ser exactos, nunca las abandoné; jamás las había usado...

Aquella mañana tomé una decisión que cambiaría radicalmente mi vida: decidí que esas prótesis serían usadas, aunque debo confesar que en aquel instante no sospeché —ni por un momento—, el impacto que produciría en mí, en quienes me rodean y en quienes han recibido mis mensajes por cualquier vía.

Y como ocurre con todo aquello cuando enfocamos nuestra atención, pocos días después de hacer consciencia de ello me contactó una organización muy significativa: Nirvana Proyect, para que participara en una carrera de 5k en honor a los veteranos que ellos estaban promoviendo junto a GORUN.

Nirvana Proyect es una organización cuya misión es incentivar a las personas que tengan alguna discapacidad a participar en eventos que los incluyan, que les generen retos y que potencien habilidades y destrezas que quizás ni imaginen que pudieran poseer. Podrán imaginarse lo que eso significó para mi justo en ese momento.

La Sra. Ruth —de Nirvana Proyect— llamó a mi papá y le dijo que estaban muy interesados en que yo participara en un evento (carrera 5k) donde participarían veteranos. Cuando mi papá me lo comunicó, inmediatamente pensé:

"Este es el momento, sí. Este es el momento de usar mis prótesis de correr, de darles uso, de activarme. Comenzaré por quitarles el polvo y darles el valor que se merecían. Nada es azar".

Por supuesto, los representantes de Nirvana Proyect no llegaron a mi vida por casualidad, suelo decir que no existen casualidades sino *Diosidades*.… Ellos llegaron porque pudieron conocerme a través de mi libro *Más allá de mis manos*, porque además fueron invitados al bautizo del mismo, el 11/11/17.

La carrera a la que ellos querían que asistiera fue justo una semana después del bautizo de MADMM (mi libro: *Más allá de mis manos*). Quizás ellos no sabían que yo no entrenaba y que las prótesis de correr sólo eran expertas en acumular el poco polvo que entraba a mi habitación.

En tan solo un pestañeo de mis ojos llegó el día de la carrera de 5k. Era en un parque inmenso llamado Tropical Park. Fui con mi papá, con Jhosep Rojas y con una amiga en común, Fabiola Fung. Por supuesto, estaba nervioso, pero con esos nervios que nos hacen ser feliz. Me arreglé, me cambié mis prótesis y me acerqué al punto de partida. Desde ese momento ya la energía del ambiente comenzó a apoderarse de mí. Fue algo verdaderamente mágico. Es como que si hubiese un cable invisible que llenara de energía mi cuerpo, mi mente y mi espíritu. Realmente me sentí muy bien.

Desde la salida, las personas comenzaron a mirarme y yo podía leer en sus ojos la admiración que les causaba y, justo allí me di cuenta, que yo podía ser un mensaje de inspiración más allá de mis manos, sí, que ahora comenzaba una nueva etapa en mi vida, aun cuando mi libro estaba recién publicado.

**Entendí que ya estaba escribiendo el libro
de mi vida futura, no de la pasada.**

Mientras iba corriendo, por mi mente iban pasando ideas y reflexiones que iban desde el hecho de entender que hacia atrás no podía cambiar nada, pero que hacia adelante comenzaba apenas mi vida. Que yo —junto a mis prótesis de correr— estábamos comenzando a escribir una nueva historia. Me di cuenta que yo tenía que correr, no solamente por mí y mi salud, sino también para ser ese granito de arena en este inmenso océano de oportunidades para las personas que tuviesen algún tipo de discapacidad.

**Desde aquel momento me prometí convertirme
un mensaje que corre.**

A partir de ese instante me incorporé activamente a la organización Nirvana Proyect, y junto a formidables amigos que allí hice —Aldo Amenta y Yoberly Zambrano— fuimos haciendo crecer la organización. Al principio éramos muy pocos y ahora realmente somos muchos, y seguimos creciendo con nuestro mensaje. Somos una familia púrpura demasiado grande. Digo púrpura, porque ese fue el color que decidimos que nos representara en todas las carreras, siendo llamativo e inspirador para todos nosotros.

Para mí siempre las palabras de Maickel Melamed serán un norte: «Si lo sueñas, haz que pase», frase que aparece en el libro que leí cuando apenas estaba empezando por este bello camino. Como Melamed, yo también he hecho la mía:

Si haces las cosas desde el corazón, el camino siempre se abrirá y te conectará con lo posible.

Con Nirvana Proyect hice mi primer maratón de 21k, el de Miami. Hicimos después un triatlón, el de Miami Beach y este recorrido me ha llevado a tener medalla tras medalla, a conocer más y más personas, a conocerme a mí mismo y de lo que soy capaz, a entender mis posibilidades, e incluso expandirlas. Pero les digo un secreto: entendí que las carreras son como la vida, no se tratan de rapidez si no de resistencia para poder cruzar la meta. He desarrollado mi propio paso, donde me siento cómodo, lo que me permite pedirle a mi mente cada vez más y más.

Siempre que veo en retrospectiva los maratones a los que he asistido, me doy cuenta que más allá de las medallas, lo que más me ha enriquecido es la experiencia, porque al principio yo lo veía como una carrera de 100 metros, esa en la que debes dejar hasta el aliento en un solo tramo. Era así, yo arrancaba a correr con todo lo que tenía y a los 100 metros ya no tenía ni fuerzas ni aliento y tenían que ayudarme a lo largo del resto del maratón. Después fui entendiendo que si todo lo hago como una carrera de 100 metros luego no tengo ni las fuerzas ni las ganas ni el temple para mantenerme insistiendo.

El entrenamiento con mis prótesis de correr —más que todo el conocimiento técnico sobre cómo usarlas mejor cómo sacarles provecho y cómo optimizar mis tiempos— lo que me ha aportado es un sólido mensaje de cómo acercarme a la vida integralmente.

¿Qué quiero decir con esto?: que, si voy a correr un maratón de 21k y consumo la energía, el empuje y las ganas en los primeros 100 metros, difícilmente voy a poder terminar bien el maratón, y quizás hasta abandone a medio camino. Entrenarme para los maratones fue, es y será un entrenamiento físico, mental e incluso de concepción de la vida.

Mi aprendizaje aquí es que en la vida la gran mayoría de las cosas no se logran con rapidez, sino con la constancia que genera la resistencia.

Por supuesto, yo no llegué a hacer todo eso simplemente poniéndome las prótesis y saliendo a correr, por favor, sería muy irresponsable de mi parte decir eso, porque no fue ni es así. Todo, absolutamente todo lo que emprendamos va a requerir de una meta o propósito, de un plan de acción, de un programa y, sobre todo, de la constancia con el compromiso adquirido. Se va a requerir que salgamos cuando no lo deseamos, cuando queremos quedarnos durmiendo o simplemente nos dé flojera. Se va a requerir crear el hábito que lleva al inconsciente la acción. Todo eso tuve que hacer para poder decir hoy que soy un maratonista. Correr con las prótesis fue exactamente igual que como cuando comencé a caminar con ellas. Un proceso completo. No fue por arte de magia. Fue recordar mis primeros días con las prótesis para caminar y aquel enfoque de lo que quería. Con esto fue exactamente igual… claro, con la experiencia ganada.

Al día de hoy ya he establecido una dinámica de entrenamiento y puedo correr seguido con un trote de soldado que he ido de desarrollando a lo largo de todas las carreras, tomando en cuenta los circuitos; el tipo de piso; las condiciones climáticas; si llueve y si el piso desliza, entre otras tantas cosas. He ido aprendiendo que cada carrera agrega valor y conocimiento.

Gracias a que en ocasiones me he resbalado y caído, he aprendido a conocer mis debilidades y fortalezas. Esto es muy importante, porque conozco mis oportunidades de seguir mejorando.

Correr junto a Nirvana Proyect ha sido espectacular, me ha hecho crecer como ser humano, me ha abierto el hambre de siempre querer más, más y más.

Estoy profundamente agradecido de tenerlos a mi lado, de impulsarme a dar mucho más de mí, además de ser el canal para conocer a tantas personas maravillosas a lo largo de todo este tiempo. Su visión sobre el deporte para discapacitados me mostró que el deporte sirve como escape a nuestra propia visión de nuestra discapacidad. Por ejemplo, a mí me faltan las manos y los pies, pero cuando yo corro me siento como:

un ser invencible;

un ser que no tiene límites;

un ser que puede caminar sobre el agua;

una máquina que no se cansa.

Y sé que eso que yo siento también lo sienten quienes compiten a mi lado. Tengo amigos en sillas de rueda y cuando impulsan su silla con su cuerpo se sienten como las personas que tienen un poder sobrehumano en la bolita de la tierra.

Volviendo mis recuerdos a cuando estaba más pequeño y aún tenía mis manos y mis piernas, puedo verme muy cansado cuando tenía que correr. Recuerdo que no me gustaba para nada tener que correr o hacer algún tipo de ejercicio. Entonces pienso: "Lo importante entonces es nuestra mente, la mente que decide qué hacer y cómo hacerlo. Fíjate que ahora no importa que no tengas manos ni piernas. Ahora eres una persona con consciencia de salud, de lo que quieres lograr y de las maravillas que puedes hacer con tu cuerpo".

Debo reconocer que a veces no ha sido fácil, que se me ha complicado hacer que mi cuerpo y mi piel respondan a las exigencias de —como, por ejemplo— la exposición al sol. Un ejemplo es mi piel, que después de lo que me ocurrió quedó sumamente sensible y por ello he tenido que reconocerme en mi nueva piel y en cómo cumplir con mis metas sin que eso afecte el resto de mi cuerpo. ¿Qué he hecho?, he aprendido a combinar mis entrenamientos haciendo bicicleta y natación, cambiando de horarios, aprovechando las horas de bajo impacto de sol, entre tantas otras actividades.

Recuerdo que cuando estaba pequeño siempre quise ser un jugador de béisbol y quería ser un excelente bateador. Mi posición dentro del equipo era la de campo corto, y realmente era muy bueno, por no decir excelente. Siempre me felicitaban por mis atrapadas, pero cuando iba a batear era muy malo. Era de poco rendimiento bateando y eso me frustraba demasiado. Es obvio que en ese tiempo no lo comprendía, pero ahora puedo sacar un aprendizaje muy claro:

Muchas veces queremos alcanzar una meta específica, y nos empeñamos tanto en ella que dejamos de ver lo que nos rodea, y que podemos alcanzar otras metas en paralelo o incluso superar las expectativas de nuestro propio sueño.

Disfrutemos el camino hacia el sueño, estemos atentos a lo que se va presentando y quizás el sueño pueda transformarse y superar lo que teníamos planteado.

Ahora corro con dos piernas de titanio y siento un orgullo tan grande que no me cabe en el pecho de todo lo que he aprendido, avanzado, ganado. Hoy te invito a contemplarte ante un espejo y preguntarte qué te está frenando para luchar por ese sueño que quieres, qué te paraliza, a qué le tienes miedo, qué te hace quedarte sentado sin activarte, si tienes todo lo que necesitas para hacerlo. Te invito a levantarte hoy y proponerte desconectarte una o dos horas al día del sofá y de la tecnología y a hacer un compromiso con tu salud, con la alegría de alcanzar un mejor cuerpo y una mente más saludable y despierta. Te invito a crear el hábito de tener la mejor vida que tú mereces. ¡YO CREO EN TI!

Si miro dentro de mí y de mi corazón,

siento que la palabra clave aquí es: perseverancia.

ENTRENAMIENTO

Una forma de vivir

Hay algo mágico en correr:
después de cierta distancia, trasciende el cuerpo,
luego, un poco más allá, trasciende la mente,
y un poco más lejos todavía lo que tienes ante ti,
al descubierto, es el alma.

Kristin Armstrong

"Practicar algún tipo de actividad física trae consigo efectos que benefician al cuerpo en todos los aspectos. Muchos de ellos pueden observarse a corto, mediano o largo plazo, pero algo muy cierto es que desde el momento en que se decide hacer ejercicio, algo diferente pasa contigo, tanto en la apariencia como en lo mental, porque al entrenar el cuerpo comienza a reaccionar y a generar estímulos que ayudan al organismo y al bienestar en general. El ejercicio físico es indispensable para llevar un estilo de vida saludable, sin embargo, poco se habla de lo que sucede con nuestro cuerpo cuando decidimos llevar una rutina deportiva activa",* eso me resumió una reseña que leí de www.laopinion.com en un artículo publicado el 30 de abril del año 2017.

Y quise comenzar con este resumen porque eso que allí se explica es lo que viví, cuando comencé a hacer mi entrenamiento con mis prótesis para correr. Estas prótesis me las habían entregado en el año 2015, y los primeros días conversé con mi papá y le dije que lo mejor que se me ocurría para entrenar era pedir permiso para hacerlo en el colegio durante las clases de educación física. Para ello decidí ir a hablar con *Ms.* Onet la profesora de mi clase de educación física para plantearle la posibilidad de que yo corriera con mis prótesis mientras mis compañeros hacían educación física. La profesora estuvo de acuerdo, y me indicó que me apoyarían. Por ello llevé las prótesis de correr al colegio, las dejé allí para entrenar semanalmente, solo los días que tenía educación física… y fue así como comencé mi propio entrenamiento, sin pensar que años después estaría corriendo en maratones y hasta haciendo triatlones.

Ahora quisiera ser muy abierto con ustedes, porque la verdad es que ese entrenamiento con las prótesis eran más una obligación que un gusto. No tenía ningún tipo de motivación y ni siquiera quería hacerlo. Sumado a que no estaba ni inspirado ni motivado, cada vez que terminaba mi entrenamiento quedaba totalmente sudado y así tenía que asistir al resto de las clases de esos días en el colegio, lo que no me gustaba para nada. Mi pensamiento tras cada entrenamiento en el colegio era: "No quiero seguir entrenando, ¡qué aburrimiento!".

Un día decidí regresar las prótesis de correr para mi casa,

y las puse en una esquina de mi habitación con la promesa de que en algún momento las retomaría y comenzaría a entrenar en forma. Eso no paso de ser un buen pensamiento, porque nunca lo llevé a la acción. Las únicas veces que tocaba las prótesis de correr eran para quitarles el polvo que se les acumulaba por el desuso.

Pasó un año y luego otro, y las prótesis pasaron a ser un adorno en mi habitación, tanto que incluso pensé en donarlas a alguien que sí quisiera entrenar y pudiera aprovecharlas. Pensaba en lo malagradecido que había sido y realmente sabía que cualquier persona amputada daría todo para poder correr con estas prótesis. Era afortunado de contar con ellas y aun así, las tenía de adorno.

No fue sino hasta cuando llegó la Sra. Ruth Figueroa junto a su esposo, Carlos Figueroa, con su invitación a la carrera 5k de Nirvana Proyect, que fueron incorporándose otras personas a mi vida como Jhosep Rojas, Michael Kempo, entre otros, que decidí que mis prótesis de titanio serían las compañeras fieles en mi cambio de vida. Todas estas personas me hicieron ver un lado distinto del entrenamiento y contribuyeron con su experiencia a enseñarme lo que es correr, pisar, a tener mi paso firme, también logré perder mucho peso, y todo eso fue como ese proceso de cuando somos bebés, que comienzas arrastrándote en la cama, luego empujas con una pierna y luego con la otra, después gateas y comienzas a pararte, y por último comienzas a dar los primeros pasos para después comenzar a caminar. Así fue mi proceso de aprender a entrenar.

Al principio de mi entrenamiento era muy desagradable y difícil mantener puestas las prótesis de titanio por más de treinta minutos. Si no estoy corriendo constantemente con esas prótesis las piernas se cansan y solo deseo sentarme. Las prótesis pareciera que tuvieran vida propia, pesan tanto, que yo siento que a veces quieren seguir corriendo por si solas. Es un impulso realmente desagradable y lo que yo quisiera en ese momento es quitármelas. Yo me las ponía, pero al no saber todo lo que les ocurría a mis piernas cuando me las colocaba, lo que hacía era rechazarlas por el cansancio que me producían, en vez de buscar información para comprenderlas.

Cuando comencé a correr con más personas y logré tener un equipo que me acompañara en mi proceso de entrenamiento, fui aprendiendo cómo debía pisar y cómo debía ponerme las prótesis para que no me dolieran las rodillas, cómo debían estar las gomas para que estuvieran en perfecto estado (entre muchos otros factores que me fueron explicando y que yo mismo fui dándome cuenta, con el tiempo, cuando el correr se transformó en una pasión de mi vida.

He pasado por situaciones difíciles… recuerdo que una vez empecé a correr y por no revisar las prótesis, me quedé accidentado en media carrera, porque de tanta vibración los tornillos se aflojaron ocasionando un caucho espichado, es decir una prótesis sin poder usar. Fue otra experiencia para irme conociendo aún más.

Las ganas de correr me han llevado muy lejos. He tenido la oportunidad de correr tres maratones en Miami, dos maratones de Wings for Life, muchas carreras de 5k… ¡*Guao*!, y puedo decir que en estas competencias he logrado conocer gente realmente única, especial y maravillosa que me inspira a seguir en este camino. Es algo recíproco, porque yo los motivo a ellos y ellos a mí, aunque siento que ninguno lo hace proponiéndoselo, es algo que fluye como las olas del mar. Solo queremos demostrar que nada es imposible, lo hacemos sin pensar en las consecuencias positivas.

En estos maratones hay tantas personas con unas historias tan desafiantes que cuando me veo a mí mismo solo puedo pensar que soy afortunado y bendecido. Hay personas cuadripléjicas, parapléjicas, tú las ves y te quedas asombrado del nivel de energía que son capaces de proyectar. Es imposible ver a esas personas y desmayar por cansancio o por aburrimiento. Eso no me lo permitiría jamás.

He aprendido cuán poderosa es nuestra mente, tanto, que puede ser tu mejor aliada o tu peor saboteadora. Por ejemplo, cuando estoy corriendo y me dan calambres en las piernas o cuando llego alrededor de las dos millas, mi mente comienza a decir: "Descansa… descansa… descansa…", entonces lo que hago es parar un momento, me quito las prótesis, dejo que descansen un poco las piernas, me las vuelvo a poner y continúo corriendo como nuevo.

Entonces me doy cuenta de que la mente también es fácil de engañar de forma consciente.

Eso que les narré arriba lo aprendí por ensayo y error durante un maratón 5k al que llegué directo a competir sin hacer el calentamiento previo que debemos hacer (estiramientos, pequeños trotes, etc.). Aquel día no hice esa parte, y al presentarse el primer calambre se me ocurrió hacer lo que les describí anteriormente, me funcionó muy bien esa vez, y lo que hice fue incorporarlo a mis siguientes maratones.

Aquel día llegué super agradecido a la meta, no sólo por haber llegado sino porque había entendido el poder de mi mente.

Quiero correr toda mi vida, siento que es mi propósito.

Quiero mantenerme activo y haciendo deporte.

Soy el superhéroe que muestra a todos que, si yo puedo, ellos también.

¿Que si siento nervios ante cada nuevo reto convertido en un maratón? Pues, ¡claro que sí!, pero quien no siente nervios no se ha propuesto cosas grandes en su vida. Creo que esos nervios es el mismo que siente todo profesional en cualquier área cada vez que presenta una propuesta, un proyecto, el que siente un actor, un cantante, o un deportista. También sentir nervios ante un desafío es sentirse vivo y llegar a la meta es el premio del amor que vencen los nervios, del amor que es capaz de hacerlo todo. Cuando llego a la meta entonces me digo: "¿Viste?, una más para el kilometraje".

Mi vida de maratonista me ha regalado momentos únicos e inolvidables.

Retomando entonces el párrafo con el que comencé este capítulo, quisiera preguntarte:

¿Te atreves a desafiarte a conquistar tu cuerpo?

¿Serías capaz o estás dispuesto a cambiar tu vida físicamente?

¿Te has retado alguna vez?

Párate, levántate. Consigue algún deporte, arte marcial o rutina que te guste, que disfrutes, dedícale el tiempo necesario para que se apodere él de ti y, juntos, construyan la mejor versión que hay en ti.

Hoy es el momento. No hay mañana, el mañana es hoy...

GRADUACIÓN DE BACHILLER

Un escalón más

La disciplina es el puente entre metas y logros.

Jim Rohn

Un giro de 180°. Sí, así mismo es. Ustedes lo saben, de ser un niño común y corriente, la vida se me transformó (tal y como les narré en mi primer libro, *Más allá de mis manos*), y de allí siempre vinieron unas preguntas que me repetía con cierta frecuencia en noches de cuestionamiento: "¿Podré algún día graduarme de bachiller como otro estudiante más? ¿Podré algún día usar mi toga y mi birrete como lo hicieron mis padres, mi hermana y tantas otras personas que han estado a mi lado?, ¿Podré algún día subir a ese podio y ver desde allí a mis familiares y amigos con una sonrisa en el alma y en el rostro?".

Aquí viene la gran respuesta, aunque debo admitir que los años de High School fueron parte de una etapa por demás importante e interesante en mi vida, donde entendí que ella sería la plataforma que me estaba preparando para poder entrar a la vida real como un adulto. Entré a los 14 años en 9.º grado en una ciudad cercana a

Miami, EE. UU., y me gradué en 12.° grado a los 18 años (más adelante les hablaré de eso). Recuerdo que en esos años tuve la suerte de estar rodeado de profesores que no solo fueron maestros académicos para mí, sino también maestros de vida que me brindaron valiosos consejos; que aún hoy aplico. Esos maestros trascendieron la escuela, y son hoy una parte importante de mi crecimiento personal. Cada día me acompañan y me ayudan a crecer como ser humano. Fueron cuatro años donde aprendí que cada escalón de la vida te tiene preparadas aventuras o eventos que ni sospechamos que podrían ocurrirnos.

Me gradué el 6 de junio del año 2018 en una de las mejores High School que para mí pudiera existir: South Broward High. Fue un día radiante y por demás especial, no tan solo porque me estaba graduando con honores, sino también porque era el cumpleaños número veinticuatro de mi hermana mayor Franny. ¡Qué gran regalo le estaba dando!

Ese día me sentí demasiado especial y afortunado por contar con personas que han dedicado mucho de su vida en formarme para ser lo que hoy soy. Entre esas personas estaban mi papá, siendo mi roca en la vida; mi hermana, representando mi mayor ejemplo, y personas muy importantes en mi desarrollo, tales como: mi querida Jackie Viteri; mi tío político Miguel Ferro; el Sr Víctor y la Sra. Xiomara;

mi tío Augusto, y mi primo Brandon. Todos se sentían orgullosos de verme vestido de rojo.

Ese día —que se ha convertido en un referente para cambios trascendentales en mi vida— fue el resumen de cuatro años de estudios, tareas, exámenes, lecciones vividas, noches de acostarme tarde para culminar proyectos… ¡Guao!, es algo increíble, de verdad, ese gran escalón de mi vida estaba terminando justo allí. Luego viene esa mezcla de emociones que no sabemos definir (por lo menos yo no lo sabía): por un lado, siempre quise vivir ese día, llegar a él, verme cumpliendo ese maravilloso sueño convertido en meta y por otro lado, ese sentimiento complicado de sentir que acababan allí esos años tan pero tan increíblemente vividos.

¿Por qué las cosas no pueden ser tan simples como cuando éramos niños? ¿Por qué no existe una materia que nos enseñe esta parte de la vida? ¿Por qué debemos aprenderlo solo viviéndolo?

Quizás esa es la materia que tengamos más segura en la escuela de la vida. Creo que sería valioso, muy valioso, acompañar nuestra formación académica con nuestra formación en emociones. ¿Qué opinas tú?

Retornando a ese evento de la graduación, yo, además de vivir lo que vivió cualquier muchacho en ese día, tuve un evento adicional; increíble: ¡Guao!, vinieron de una estación de televisión local llamada Becon Tv para realizar un video – documental sobre mi experiencia ese día. En ese video el tema central era el mensaje a los estudiantes que iban a High School y que vivían en el condado de Broward, que si yo —con mi discapacidad— había podido estudiar y graduarme, cualquiera de ellos también podría hacerlo. Nuevamente Dios me tenía como su instrumento para transmitir un mensaje de fe, constancia, valor y alegría por la vida. Soy de esas personas que se enfoca en el poder de hacer las cosas desde el corazón, para llevar un mensaje real de convicción.

Ese video tocó no solo mi vida y la de mis familiares que han vivido todo ese proceso junto a mí, sino también a muchísimos estudiantes que vieron que otro muchacho como ellos, pero sin manos, sin pies y sobre todo sin prejuicios, no solo se había graduado, sino que lo había hecho con honores, con un GPA de 4.0, siendo el mejor, estando dentro del top 10 % de más de 478 estudiantes que se graduaban ese día.

Aún hoy, recuerdo los ojos de alegría y orgullo de esas personas tan importante para mí, fue un acto de agradecimiento por ser incondicionales conmigo.

Eso no tiene precio, pero tiene un valor inmenso para mí. Sin pensar que a mi hermana le di el mejor regalo que ha recibido en su vida.

Cumplía una etapa importante y me estaba preparando para la siguiente: la universidad, que sigue en espera, pero que, como todo en mi vida, vendrá en el momento indicado.

Todos estuvimos vestidos con nuestra toga roja y nuestro birrete y, como siempre, tengo una anécdota muy simpática respecto a mi vestuario. Como se imaginarán, no existen togas especiales para estudiantes sin manos. Entonces, con una operación, que llamamos "toga remendada", procedimos a recoger las mangas de la toga y llevarlas hacia arriba y pegarlas por dentro para que pudieran aparecer mis muñones. Así, tuve mi toga hecha a la medida y una anécdota más para contar.

Ese día me sentía como un artista viviendo su propia película. Me tomé fotos con todos mis amigos, familiares, profesores. Fue una lista interminable. Así deben sentirse los artistas famosos cuando salen. Me dolían los cachetes de tanto sonreír, pero qué bueno es reír con quienes amas y celebrando el logro de una meta alcanzada.

Justo allí, la mezcla de emociones me llevaba como en una montaña rusa. Pasaba de reír por el logro alcanzado a recordar cuántas veces pensé si lo lograría. Pasé de ese momento mágico de tener el título en mis manos al momento cuando llegué por vez primera al High School y a todas las dudas que aquel día me asaltaron.

Ese día aprendí:

Que no hay sueño demasiado grande para una mente grande;

Que a veces la realidad supera con creces ese sueño;

Que el anhelo de mucho tiempo puede concentrarse en tan solo un momento.

Graduarme en EE. UU. fue un sueño logrado satisfactoriamente, sobre todo para quien venía de un sistema de estudios distinto. En este país se deben aprobar los exámenes del colegio, más los exámenes estatales de la Florida, más tener los veinticuatro créditos que se requieren por cada materia, hacer ensayos super difíciles, entre otras cosas. A pesar que muchos no lo logran, yo me propuse hacerlo posible y excelente. Me repetía casi a diario: "Lo voy a lograr"; y lo logré.

No fue solo el último año. Fueron también los tres años que lo precedieron. Me motivaba. Me daba ánimo cuando el cansancio me agotaba. Esa misma actitud que tuve con el evento que cambió para siempre mi vida, es la que he aplicado cuando siento que los eventos no ocurren como yo quisiera. Esa herramienta se ha vuelto fundamental en el logro de mis metas pequeñas, medianas y grandes.

Aún hoy, año 2020, no he podido iniciar mis estudios universitarios por razones ajenas a mi voluntad, pero yo sé que algo me tiene preparado Dios para esta siguiente etapa. Así ha sido siempre.

Sé, y no me pregunten cómo ni por qué lo sé, que llegará la oportunidad indicada y así iniciaré mis cuatro años de carrera universitaria para dar mi nuevo giro de 180°. Y voy a estar orgulloso de ese nuevo paso a paso.

Y, recordando a Maikel Melamed: «Si lo sueñas, haz que pase». Así lo hago cada noche al acostarme y cada mañana al levantarme.

Sueño, pienso, lo transformo en palabra y luego en acción; y hago que pase.

Mi época de High School quedará grabada en mi memoria como esa época:

en que por primera vez salí solo con mis amigos;

en la que me dejé impresionar por todo lo que ocurría;

en la que enfrenté todos mis miedos más secretos: una clase difícil, un profesor desafiante, una materia retadora, un examen reprobado.

Querido lector:

¿Te has sentido tu alguna vez así, con esa actitud de dejar fluir lo que viene y abrirte al aprendizaje que dejará?

El mejor símil que consigo para esta época de mi vida es compararla con una ola.

Y yo, decidí surfearla, paso a paso, con lentitud y paciencia.

Eso me permite hoy escribir sobre ello y sonreír en retrospectiva.

NO TE ARREPIENTAS DE HACER LO CORRECTO. EL QUE OBRA BIEN LE VA BIEN.

MARATONES

Incluyendo un reportaje de ESPN RUN

Le digo a los corredores que dividan la carrera en tres:
correr primero con la cabeza; después con su personalidad,
y al final con el corazón.

Mike Fanelli

*¿T*ienes idea de a cuántas personas comunes y corrientes entrevista un canal de TV como ESPN? Yo no tengo la cifra, pero puedo asegurarte que a muy pocas, y si lo restringes a tu círculo de familiares y amigos, casi que a ninguna. Bueno, con todas esas estadísticas en contra, yo fui entrevistado para un programa de ESPN, específicamente ESPN RUN.

Esta anécdota, que no está cronológicamente ubicada en el libro, la coloco aquí porque antes de llegar a ella tuve que pasar por otros eventos que por añadidura me trajeron hasta aquí, pero si algo he aprendido es que, si mi intuición me dijo que escribiera en este orden, debo hacerlo y que los caminos de Dios conmigo son únicos.

Son tan impresionantes los planes de Dios y tan perfectos…; que todo llega por añadidura.

ESPN es un canal de los más reconocidos a nivel internacional, y que además el total de la audiencia que tiene es para aturdir a cualquiera. Nada menos que su canal dedicado a correr, ESPN RUN, quería hacer un documental conmigo. A mi casi que me faltaba el aire y aún no arrancaba a correr, ja, ja, ja.

No lo podía creer. Dios me estaba usando una vez más.

Llegar a correr con dos prótesis de titanio no fue algo que hice tan pronto tuve las prótesis. Por el contrario, por mucho tiempo, al entrar a mi habitación yo veía mis prótesis de correr sin usar y pensaba en cuántas personas querrían tenerlas para usarlas y correr, en cuántas las necesitarían pero que no las tenían, y yo, por mi parte, teniéndolas, no me decidía ni siquiera a probarlas… sin imaginar lo que ya les había dicho, que los planes de Dios ya eran perfectos.

Comencé a usarlas para correr por los alrededores de mi hogar y luego fui practicando en centros donde me orientaban, y así fue como le fui tomando cariño a mis prótesis de titanio que poco a poco las asumí como parte de mi armadura de guerrero y con las cuales iba a desarrollar lo que ya es hoy una pasión increíble por el deporte de correr.

Esta pasión por correr con mis prótesis en forma de arco me llevó a las ganas de correr diariamente y a mis entrenamientos guiados junto a Nirvana Project (de los cuales les hablare más adelante, porque en realidad sin ellos nada de esto hubiese sucedido).

El documental de ESPN RUN no fue solo un documental, fue la puerta que me abrió la visión a un panorama mucho más amplio del impacto que mi vida podía ejercer en las vidas de otros. Este documental ha sido el más importante que me han hecho en mi vida, y para ESPN RUN ha sido el que más alcance ha tenido. Fueron muchos días de grabación y recuerdo que ¡guao!, lo disfruté tanto tanto, que solo recordarlo me hace feliz. Hice dos grandes amigos durante la grabación. Ellos viajaron desde Argentina hacia EE. UU. para participar en la grabación.

Llegar hasta ese documental, después de haber estado entrenando cierto tiempo, compitiendo en maratones, es algo que nunca había pasado por mi mente, y justo allí comencé a preguntarme si acaso parte de mi vida sería precisamente esa: correr, correr con mis prótesis de guerrero, además pensé: "¿Cuán lejos podría llevarme en mis planes a futuro?"

Ahora bien, ¿cómo llegó ESPN RUN a contactarme?, lo hizo a través de Frankie Ruiz, el fundador del Maratón de Miami, quien les habló acerca de mi participación como competidor en ese maratón en el año 2019.

En este medio maratón que se correría en Miami, *Frankie* Ruiz me avisó que unas personas me iban a contactar y yo le dije que sería un honor para mí esa oportunidad. Honestamente no me imaginaba lo grande que era. Hoy en día le agradezco a *Frankie* por pensar en mí, también por todo lo que ha logrado a lo largo de los años en Miami con respecto al deporte; ¡es admirable!

Recuerdo que llamó una muchacha que trabajaba para ESPN y me explicó que, como todos los años para este Maratón de Miami, ellos iban a hacer un documental con unos de los corredores y *Frankie* Ruiz les había hablado de mí. Ella me preguntó si a mí me gustaría y yo le dije: "¡*Guao*!, claro que sí". Me explicó que ese documental iba a ser transmitido a treinta y cinco países y, justo allí, casi que se me cae el teléfono de las manos por la impresión que me dio. Eso fue en el año 2019.

Esa grabación de este documental era la certificación de que había venido haciendo bien las cosas, que la decisión de correr no había sido solo por hacer ejercicio, sino que también podría combinarlo con lo que yo creo que es mi propósito de vida: "transformar vidas con mi ejemplo". Esto significó para mí un nivel superior de compromiso conmigo mismo y con mi palabra. Quienes decidimos ser ejemplo, debemos promoverlo haciendo que nuestros pensamientos, palabras y acciones sean coherentes.

Y llegó el día de iniciar las grabaciones. Yo había ido a Tampa para entrenar y tuve que devolverme a Miami para la grabación, a la cual me acompañó Jhosep Rojas en todo momento. Regrese a Miami el mismo día de la grabación, recuerdo que el vuelo se atrasó y el equipo de ESPN nos fue a buscar al aeropuerto, y en el trayecto hacia el lugar de la filmación fuimos conversando sobre la estrategia que se utilizaría para hacer un recorrido por mi vida y por esta nueva faceta. En ese momento pensé: "Franklin esta es otra de las oportunidades que Dios te está brindando y es una grande. Es una ventana para que muestres lo que has recorrido y de lo que eres capaz".

Querían hacer un documental integral y pasearse por todas mis rutinas de ejercicio y deportivas: cómo nadaba, cómo montaba bicicleta y, por supuesto, cómo corría en maratones con mis prótesis guerreras. Todo eso para que ellos pudiesen mostrar por qué me seleccionaron a mí para hacer ese importante documental.

Recuerdo que decidimos que comenzaríamos la grabación, nadando en la piscina y luego corriendo. Lo primero que tuvimos que plantearnos fue dónde podíamos hacer ambas cosas y que fuese un lugar con panorámicas excelentes. Yo no lo dudé ni un segundo: podíamos hacerlo en mi ex escuela South Broward High, porque estaba seguro que allí nos abrirían las puertas. A los muchachos de ESPN, Manu y Pino, les pareció excelente la idea, porque además era un lugar que yo conocía y en el que me sentiría muy cómodo.

Nos fuimos directo hasta el colegio. No estábamos tan lejos, ya que llegamos al aeropuerto de Fort Lauderdarle, y la escuela quedaba a no más de 15 minutos. Recuerdo que llegamos, y yo me bajé y fui directamente a hablar con la directora y con los asistentes de ella. Recuerdo perfectamente a *Mr.* Winburn y a *Mr.* O'Toole, les expliqué todo lo que me estaba ocurriendo y les pregunté si tenía el permiso para usar las instalaciones de la escuela en la que me había graduado. Su respuesta no se hizo esperar: «¡Claro que sí!, esta fue, es y será tu escuela por siempre. Son bienvenidos a hacer la grabación». Le agradecí muchísimo a ambos y me fui a buscar a los muchachos para irnos hasta la piscina.

Llegamos a la piscina y de repente pensé: "Nunca he nadado allí… esta piscina es muy profunda porque es donde se hacen las prácticas de Water Polo". Aun así, la experiencia fue increíble. Me cambié de ropa y me fueron explicando cuáles serían las tomas que querían realizar. Estuvimos grabando por más de cuarenta minutos, y yo estuve todo ese tiempo dentro del agua. Hicieron tomas por debajo de la superficie de la piscina, también justo saliendo del agua y nadando de un lado hacia el otro, por arriba y por debajo Y ¿adivinen qué?... de nuevo con otro dron... Fueron unas tomas realmente grandiosas.

Creo que me sentí y me creí que era la figura pública de todo el colegio. Cámaras por aquí y por allá. Y de verdad lo disfruté.

De allí nos fuimos para la pista de carrera, que quedaba muy cerca de la piscina, para grabar alrededor de ella. Esa pista me trajo recuerdos muy queridos, como cuando estaba en 9° grado y llegué hasta allí para correr con mis prótesis, justo en ese momento pensé y dije "¡Guao, Que Increible!, cómo marca diferencia la pasión y el compromiso que le pones a lo que asumes como responsabilidad en tu vida. Nunca imaginé estar hoy aquí siendo grabado para un documental de unos de los canales deportivos más reconocido del mundo, y llegué aquí porque muchos años antes me atreví a hacerlo.

Estaba en el lugar donde todo había comenzado deportivamente para mí.

Siento que ir hasta allá fue una forma de agradecerles parte de lo que soy.

En la pista, el documental se grabó también usando un dron. Los muchachos, Manu y Pino, fueron excepcionalmente profesionales e impecables para guiarme. Me sentía superbién y como si siempre yo hubiese estado grabando; una nueva demostración de que es importante rodearse de profesionales en cualquiera que sea el área a la que quieras dedicarte.

Que la calidad siempre guíe tu vida profesional.

No te conformes con menos.

Busca siempre quien te exija ser tu mejor versión.

Cuando terminamos, nos invitaron a almorzar. Nos fuimos a un restaurante de comida peruana escogido por mí, allí estuvimos conversando y conociéndonos más. Hablamos por un par de horas, honestamente ya los sentía como amigos de toda la vida.

Llegó el día del Maratón de Miami. Para ese día era que se había fijado el resto de la grabación. Yo, como siempre, llegué temprano. Me hicieron dos tomas: una en la salida del maratón y otra a la llegada. Ese día nos despedimos, pero solo físicamente, porque quedamos conectados ya como amigos para siempre.

El documental fue transmitido para treinta y cinco países dos semanas después. Y allí vi lo que se había grabado. ¡Guao, qué asombroso el resultado!, la calidad, el enfoque que hicieron de mi historia, cómo fueron insertando a lo largo de todo el documental lo que yo iba conversando con ellos, porque no se limitaron a mostrar lo que hacía, sino cómo me sentía y qué me había llevado hasta allí.

El documental fue largo, de aproximadamente treinta minutos. Yo aun no lo podía creer, porque yo era uno de los protagonistas, Franklin Mejías Castellanos, el de Caracas Venezuela. En treinta y cinco países estaban viendo mi mensaje. La historia de mi vida convertida en ejemplo. Esa mezcla perfecta que lograron al colocar partes de la entrevista con la parte donde físicamente estaba haciendo cada deporte fue en verdad magistral. Todos estábamos muy emocionados.

Fue sumamente especial, porque captaron mi esencia, mostraron mi lado familiar junto a mi padre, mostraron el amor, la alegría y mi forma de acercarme a la vida entrenando lo que tanto me apasionaba.

Cuando en el documental llegué a la meta, yo estaba pensando: "Qué increíble verme allí y saber lo que he vivido y que eso sea digno de transmitirlo. ¡Cuán orgulloso me siento!".

Hoy pienso que sería ideal hacer otro documental para poder agregar todas las otras cosas que me he atrevido a hacer, sin abandonar mis deportes ni mi entrenamiento, mostrar cómo mi compromiso es mayor conmigo cada día.

El aprendizaje en esta anécdota incuestionablemente es:

Que lo que hagamos en la vida debemos hacerlo con pasión y con convicción.

Que quien nos mire, no importa donde esté ubicado, sienta que quiere tenernos a su lado porque somos compromiso, somos excelencia, somos consistencia y constancia.

Que somos como esa gota de agua que de tanto caer en el mismo lugar en la roca, logra abrir un camino.

Comprendí que, si yo soy un instrumento de Dios en la Tierra, el deporte iba a ser mi vehículo para llevar el mensaje.

¡No sabemos lo que estamos haciendo, hasta que treinta y cinco países ven tu misión de vida!

Como decimos en Venezuela: Esto no es un juego de carritos, esto va en serio, es un juego de grandes ligas.

Quisiera que aprovecharas, para reflexionar, que te plantearas estas preguntas y evaluaras tus respuestas:

¿Llevas esa constancia del escalón tras escalón?

¿Estás dispuesto a que personas, no importa el cargo que tengan ni donde estén, puedan acercarse a tu vida y cambiarla para mejor?

¿Todo lo que haces actualmente, tiene una razón de ser?

Yo llegué a ese documental con un propósito específico, ¿sabes cuál es el tuyo?

ACEPTACIÓN

Ni tan simple ni tan fácil, pero es

Ser hermoso significa ser tú mismo.
No necesitas ser aceptado por otros,
necesitas ser aceptado por ti mismo.

Thich Nhat Hanh

Cuando aceptamos lo que ocurre en nuestra vida es cuando comenzamos a vivir, y eso precisamente fue lo que ocurrió conmigo al transitar este proceso convertido en vida. Sé que es un lugar común para los motivadores decirles a las personas que no somos los dueños de los eventos que impactan en nuestra vida, pero que sí lo somos de la actitud que escogemos para vivir esos eventos.

Les digo, ni es simple ni es fácil,

pero en mi caso fue, es y será.

Para mí, la aceptación es como en nuestra frase religiosa: "el pan nuestro de cada día". El aceptar mis límites, el aceptar cómo estoy física y mentalmente. He debido lograr hacer un trabajo constante de entender cómo soy interior y exteriormente. He tenido que luchar contra las dudas que me invaden, como a cualquier otro ser humano. He aprendido a salir de esos signos de interrogación haciendo uso de la compresión de que yo soy yo, y que aceptarme por completo es la bendición que me ha llevado a recorrer, a tan corta edad, una vida intensa y plena de aprendizajes.

Cuando todo esto sucedió en mi vida, no pensé que lo iba a aceptar de la forma tan amena como lo hice. Y eso fue algo que me ayudó muchísimo, porque ya una vez que acepte por lo que estaba pasando, solo me quedaba el enfocarme en salir adelante y en cumplir mis sueños. Quizás, al aceptarlo tan rápido y estar rodeado de mi familia y de gente poderosamente entusiasta, me ayudó a hacerlo más fácil.

Ahora bien, vivir es un vaivén de acontecimientos y etapas, precisamente, el pasar por etapas tan trascendentales en la vida de cualquier persona, como lo son el paso de la niñez a la adolescencia y de la adolescencia a la adultez, siempre presenta dudas, desconciertos y una continua revisión de cómo nos sentimos. Precisamente eso me ocurrió en la desafiante etapa de la adolescencia, ya que allí volví a enfrentarme a las dudas del por qué viví lo que viví y cómo eso me afectaba en esta etapa donde quería integrarme a grupos, hacer amigos, conocer muchachas y transitar ese camino del enamoramiento intenso.

Después de confrontarme una y otra vez, de llenar mi cabeza de dudas, simplemente llegué a la misma conclusión a la que llegué desde el principio: "Franklin, acéptate tal cual eres, ámate tal cual eres. Si tú no te aceptas y te amas como eres, ¿cómo pretendes que los amigos te traten como igual o que una muchacha se interese en ti?". Allí fue donde decidí que mi autenticidad iba a ser mi carta de presentación.

Recuerdo hoy un consejo que me dio mi primo Alexander, que me dijo: «Nunca dejes de ser tú, enfócate en las cosas buenas que tienes, transforma tus dudas en risas para ti y para tus amigos y amigas» … yo, como un papel que cae en un pozo de agua, absorbí cada una de las gotas de ese consejo, las convertí en una regla de oro de mi vida en esa etapa. La aceptación regresó otra vez a mi vida, lo cual me llevó a vivir intensamente mi adolescencia, mis nuevos amigos y experiencias y mi primer amor, del cual les hablaré más adelante en detalle.

Hoy tengo veinte años, y he seguido desarrollando la curiosidad por mi vida y la de otros. Me gusta saber qué piensan, qué sienten, qué quieren, porque esa curiosidad es la misma con la que me acerco a cada día, a mi propia vida. Me gusta conversar con quienes me rodean, pero más que hablar de mí mismo me gusta que los otros hablen de sí. Eso me ha convertido en un excelente ser que escucha… recuerda: tenemos dos oídos y una sola boca, no oigas para responder, escucha para entender.

Cuando aprendemos a escuchar con todos los sentidos, desarrollamos un agudo sistema de aceptación, y yo he venido trabajando este sistema día a día, porque al escuchar a otros hablar sobre sus sentimientos, angustias, ilusiones, sueños y miedos me acerca a comprender hasta dónde todo está en nuestra mente, y que seremos nosotros de forma consciente quienes le diremos a nuestra mente qué vamos a hacer con nuestros sentimientos, angustias, ilusiones, sueños y miedos. No es lo que nos ocurre, es lo que decidimos hacer con lo que nos ocurre. Por ello, quienes me rodean andan en la misma frecuencia de aceptación porque saben quiénes son, qué quieren y hacia dónde van… al menos en esta etapa.

La vida es un espejo y cada ser lleno de amor
recibirá el reflejo que decida.

Yo reflejo aceptación y ganas de salir adelante.

Entonces, la aceptación pasa a ser un compromiso con nosotros mismos, y en mi caso el compromiso no es olvidar todo lo que he pasado sino de usarlo como combustible para llegar a ser una nueva persona, para lograr lo que alguna vez pensé que era imposible, como, por ejemplo, el cuestionarme si alguna vez una persona me llegaría a querer tal cual como estoy. Entendí que sí era posible desde mi aceptación, con mi respeto hacia lo que llevo por dentro y proyecto a mi alrededor. ¿Que fue fácil?, no, de ninguna manera, no lo fue, pero lo sufrí, lo transité, lo viví, lo saboreé y finalmente — junto con los consejos de mis padres, hermana y amigos— lo acepté, y al aceptarlo pude usarlo como una cobija para abrigarme del frío del alma y comenzar a darle el calor que transforma la vivencia en experiencia y la experiencia en un escalón de aprendizaje, para poder subir un peldaño más en este maravilloso conocimiento de vivir.

La aceptación no es un acto heroico ni complicado. La aceptación está en cosas tan sencillas como disfrutar el tomarte unas fotos con tus amigos del colegio sabiendo que yo iba a ser siempre el diferente, o el simple hecho de salir a pasear con mis amigos a un centro comercial y ver cómo me observaban las personas, asombradas porque no es frecuente ver a alguien sin manos y sin pies. Eso lo fui aceptando paso a paso, comprendiendo que debía incorporar una experiencia a la vez. Tuve que comprender que yo tengo unos límites, pero que otras personas también los tienen a pesar de tener manos y pies.

Debía aceptar que empezaba a comprender

la acción de aceptar.

Hoy, a mis veinte años, sonrío cuando recuerdo cómo agarraba la bicicleta a los quince años y me empeñaba en manejarla. Tuve un accidente que me lesionó la clavícula. Eso me obligó a revisar mis propios límites para entonces potenciar los que no lo son, en vez de enfrascarme en vencer los más desafiantes. Eso es desarrollo… es aceptación. Ya no me dicen *Cool Mc Cool*, ja, ja, ja, porque "amaba el peligro".

Aceptar y aceptarme es cuidarme, es valorarme, es

amarme.

Recorrer el camino que he transitado, ha sido quizás igual al de cualquier otro muchacho: lleno de retos y aprendizajes, pero que yo le agregaba el ingrediente adicional de mi estado físico. Por ejemplo, cuando iba a una fiesta en mi adolescencia, muy pocas personas se me acercaban, luego entendí que eso ocurría no porque yo no tuviera manos y tuviera prótesis en mis piernas, sino porque tenía un miedo gigantesco y ese miedo se traducía en rechazo de mí, como somos espejos, recibía el rechazo de otros. Cuando logré entender lo que ocurría dentro de mí, fui capaz de vencer ese miedo, de acercarme a las personas, de comenzar a hacer mí propio ambiente. El cambio fue inmenso, porque pasé del miedo a la aceptación.

Es como comprender que estamos transitando esta vida con pro y con contras, que los contras están allí para mostrar de qué estamos hechos y cuánto podemos aprender de ellos, por su parte, los pros están para enseñarnos a disfrutar la vida al máximo, para reírnos, para saltar, para hacer nuestro amor florezca aún más grande.

La aceptación la vivo cada día al despertar, al levantarme, al ponerme mis prótesis, al ponerme mis medias y mis zapatos… es algo bien diferente. Hoy puedo decir que lo disfruto, además lo hago con pasión. No hacerlo así me haría vivir algo que yo asemejo a lo que deben sentir las personas cuando comienzan a estudiar en la universidad y comienzan a vivir ese sueño increíble que tanto pensaron, que cuando ya están por terminar la carrera se dan cuenta que eso no era lo que querían hacer. Es decir, perdieron su tiempo, al igual que lo haría yo si no me aceptara. El tiempo es realmente lo único que poseemos para poder vivir. Es necesario conocerse para aceptarse, y aceptarse para ser feliz, que al final es lo más importante de la vida.

Es indispensable aceptarnos tal y como somos.

Y tú querido lector:

¿Te aceptas tal y como eres?

¿Aceptas tus imperfecciones que son perfectas?, lo importante es aceptar lo que somos.

¿Tú realmente aceptas a las otras personas como son? A veces queremos que los otros sean como nosotros queremos, pero recuerda que somos piezas únicas de un rompecabezas para encajar y dar el cuadro perfecto. Cada quien es como es. Cada uno tiene sus imperfecciones más perfectas y debemos saber trabajar con ellas.

Cuando nos aceptamos con verdadero amor, no existirá nadie allá afuera que pueda hacernos sentir mal.

Cuando aceptamos la aceptación, la vida cambia porque sí.

Si algo puedo recomendarte es que no trates de cumplir las expectativas que otros tienen sobre ti. Dedícate a cultivarte para ser tu mejor versión, para ti.

La vida es como una playa y nosotros somos el océano en su máxima inmensidad, fluyendo, teniendo el control de la marea: Aceptar que somos ese océano nos permite decidir qué vamos por el camino correcto.

¡SI DESEAS MOTIVACIÓN, EL MEJOR EJEMPLO ESTÁ EN TU INTERIOR!

MI LIBERTAD
Un anhelo convertido en realidad

La libertad es ser dueño de la propia vida.

Platón

¿Qué es la libertad para ti? ¿Sabrías identificar cuál ha sido el momento en tu vida en que te has sentido más libre? ¿Crees que podrían existir distintas sensaciones de libertad? ¿Has pensado alguna vez en alguna acción que te hubiese hecho libre? ¿Justo hoy, cómo te sientes respecto a tu libertad? ¿Me imaginas pensando en mi libertad?

Ya has leído parte de mi recorrido y has vivido junto a mí las experiencias más increíbles o los relatos más sencillos, y tal vez podrías pensar que mi sueño de libertad podría estar atado a unas prótesis distintas o a algún tipo de avance en esta área, pero la verdad es que mi libertad está bastante lejos de ser eso, y puedo decir con propiedad que me la gané paso a paso.

Desde niño soñaba con llegar a grande para disfrutar de esa libertad, y de allí pasé a la adolescencia y, salvo algunos momentos de locura juvenil, siempre me comporté muy bien, porque sabía los valores que mis padres me habían inculcado y mi responsabilidad para cuando al fin llegara el momento.

Yo soñaba con ese primer día y me imaginaba sonriente y orgulloso de lograrlo. Y ese primer día llegó, estando en un estacionamiento muy grande. Yo me atreví a pedírselo. Pensé que se iba a negar, pero me quedé sorprendido cuando me dijo que sí.

Yo solo tenía 14 años, pero ya ustedes lo saben: soy valiente y, cuando se me mete algo en la mente, decido lograrlo. Mi papá me dijo que sí, para mí era el mejor momento para demostrarle que si podía manejar su camioneta. ¡Guao! Se estaba bajando del carro para dejar que yo me montara en el puesto del conductor, para intentar mi primer recorrido conduciendo un vehículo. Bueno, quiero ser sincero: la verdad es que lo había estado fastidiando desde meses atrás, le pedía el por favor y le decía "te quiero" y muchas otras cosas… quizás ese día lo logre convencer.

Yo estaba conquistando el primer paso, no sobre la Luna, sino sobre mi sueño de libertad más grande: MANEJAR.

Teníamos una camioneta super grande, parecía espacial, porque era necesaria para poder meter la silla de ruedas y así trasladarme cuando no tenía mis prótesis. Así que imagínenme con mi tamaño, sentado en ese gran asiento. Mi papá me ayudó a colocarme el cinturón de seguridad y se dirigió al puesto del copiloto. Mientras tanto, yo tenía el pedal del freno presionado y mis muñones en el volante.

Mi papá se sentó a mi lado y movió la palanca de velocidades a la letra "D" de *drive* y me dijo: Por favor, vas a ir soltando el pedal del freno poco a poco», y yo hice todo lo contrario, ja, ja, ja, lo solté de un solo golpe y el carro arrancó a moverse lentamente. Luego mi papá me dijo: «Ahora vas a colocar los pies sobre el pedal del acelerador, también muy suavemente», y esta vez sí lo hice bien, y la camioneta se desplazó lentamente por el estacionamiento. Mis muñones también se portaron muy bien. No me sentí limitado en ningún momento, porque me pude mover libremente con ellas sobre el volante, pudiendo girarlo a la izquierda y a la derecha según quisiera.

Ese día descubrí que la libertad se siente, más de lo que se piensa.

Ese día supe que podría aprender a manejar muy rápido, y le mostré a mi papá cuán comprometido estaba en conquistar mi libertad de manejar. Pero era solo un niño de 14 años, así que aún me faltaban varios años para disfrutarlo por completo. No hice mucho, en realidad, pero pude saborear lo que vendría.

Aquel día, al descubrir que sí podía manejar, me dije: "¡*Guao*!, ¿será que algún día voy a tener mi licencia y mi propio carro?, ¿será que podré tener mi licencia como una persona normal?, y muchas más preguntas, que por los momentos quedaron sin respuesta.

Después de ese día, no hicimos otras pruebas como yo quería, pero entendí que era por el tamaño de la camioneta. Pude hacerlo nuevamente, cuando mi papá compró un carro más pequeño.

La oportunidad llegó cercana a la fecha de hacer el bautizo de mi libro *Más allá de mis manos*. Le dije a mi papá que quería grabar un video muy distinto para invitar a toda la gente al evento del bautizo de mi primer libro y que esa diferencia quería hacerla manejando el carro. Mi papá aceptó y nos fuimos hasta el estacionamiento más cercano y él se convirtió en el super camarógrafo, me filmó caminando hacia el carro, subiendo y sentándome en el asiento del conductor y luego manejando lentamente mientras iba haciendo la invitación.

Después de eso no volví a manejar por un tiempo y tuve que esperar hasta graduarme de High School, cuando retomé el tema de sacar la licencia y me comprometí a averiguar todo lo necesario para hacerlo con mis condiciones (sin manos y sin pies). Fui buscando toda la información y un día me desperté muy temprano para ir a la oficina para sacar la licencia. Para ese entonces ya tenía dieciocho años cumplidos.

Llegué y pregunté cuáles eran los pasos para sacar la licencia de conducir. Ellos me dijeron que el primer paso era aprobar el examen teórico de cincuenta preguntas, y después de aprobarlo tendría el examen práctico de manejo. Me dije: "Franklin debes dedicarte a estudiar para salir muy bien en el examen teórico". Como disfruto estudiar, y sobre todo aprender, gocé el aprendizaje sobre las señales de tránsito, qué se debe hacer en momentos de emergencia, entre tantas otras cosas.

Hice mi cita para presentar el examen teórico. Yo creía que me sabía todo el contenido teórico y reprobé… no solo una, sino dos veces. En ese momento mi papá estaba ocupado, no tenía muchas oportunidades de regresar a presentar. Imaginen ustedes cómo me sentía. Eso deben sentir los pajaritos cuando están encerrados en una jaula: tienen alas, pero no pueden volar.

Un día decidí que iría a presentar el examen yo solo, y que llamaría a mi papá o a mi hermana para que me fuesen a buscar para concluir el examen de manejo con sus carros.

Fui y llegué. Me sentía emocionado y algo inquieto porque ya era mi tercera oportunidad. Me senté a presentar. Ya había logrado responder muy bien cuarenta preguntas, me había equivocado en 8 respuestas y me quedaban dos preguntas por responder. Si las respondía bien, aprobaría. Me concentré y pasé el examen. ¡*Guao*, *guao*, *guao*! Ya había subido un peldaño más hacia mi tan deseada libertad. Ahora me faltaba el examen práctico. Llamé a mi hermana y le conté muy feliz que había aprobado el examen y que necesitaba que ella fuese para prestarme su carro y poder presentar el examen práctico. Ella feliz me dijo que sí, que la esperara.

Ella llegó, ajustamos espejos, asiento, cinturón de seguridad. Todo listo. Vino la señora que me tomaría el examen práctico y se sentó en el puesto del copiloto. Lo primero que me ordenó hacer fue retroceder. Lo hice. Me preguntó si yo necesitaba algún tipo de adaptador para poder manejar y le dije que no, que yo podía hacerlo con mis prótesis de las piernas y con mis muñones. Me dijo que estaba bien y continuamos.

Me mandó a hacer una vuelta de tres puntos y la logré de manera perfecta. Me fue pidiendo hacer vueltas, cambios a la derecha e izquierda y fui haciendo todo tal cual ella lo pedía. Me fue muy bien. Al final, me dijo que había pasado el examen satisfactoriamente y yo por dentro estaba saltando de emoción. Había logrado aprobar, en un mismo día, los dos exámenes para obtener mi licencia de conducir.

¡¡¡Ya tenía mi licencia!!!

Ahora subí al siguiente escalón, convertido en preguntas: ¿Será que algún día iba a poder tener mi propio carro? Y si era así ¿cuándo sería? ¿Cómo me iba a sentir cuando tuviera mi propio carro y pudiera ir adonde quisiera sin tener que pedir que me llevaran?

Luego de obtener mi licencia, mi papá aún seguía preocupado. Me decía cosas como estas: "Tienes licencia, pero no práctica", "Tienes que desarrollar la agilidad para tomar decisiones manejando", "Debes poder manejar con soltura" … papá al fin, ¿verdad?

Yo, por mi parte, iba a una velocidad diferente a la de mi papá. Yo me quería comer el mundo. Le decía a cada rato que quería manejar, y que pensáramos en la posibilidad de tener mi propio carro. Me dediqué a observarlo mucho mientras él manejaba. También aprovechaba cada momento que podía para practicar y, una vez que me gradué de High School, logramos ahorrar un dinero de las ganancias de mi primer libro (entre mi papá y yo) y pude comprarme mi carro.

Allí estaba yo con mi carro. ¡Mi carro! ¡Mi carro! ¡Qué bien sonaba eso! Mi primer carro: un Honda Civic año 2007, con alrededor de 115mil millas. Estuvimos escogiendo durante dos semanas más o menos. Revisamos de todo tipo: carros en buen estado, otros no tanto, unos feos, otros que me encantaron, y después de cumplir mis 19 años llegó ese día.

Era mi regalo de graduación y mi regalo de cumpleaños, pero más importante aún, era mi tan preciada libertad.

A este carro le he dado amor y ha sido parte de la familia. Solo me resta darle las gracias a Dios porque a pesar de no tener manos y pies, tengo toda la entereza para luchar por lo que quiero y eso es una gracia concedida por Él. Conozco a muchas personas que tienen completas sus manos y sus pies y nunca aprendieron a manejar, y ellos me admiran. Se quedan anonadados al verme manejar y vuelvo a ser un maestro de vida. Mi agradecimiento es infinito y eso lo transmito a todos:

Que manejar es un acto de responsabilidad en libertad.

Que podemos hacer mucho bien, pero también mucho mal.

Si no tenemos control, podemos hacer mucho daño.

Descubrí que la libertad solo es posible si va unida a la responsabilidad.

Nuestra vida es una cadena de acontecimientos.

LAS CONFERENCIAS

Otra extensión de mi vida

Siempre hay tres discursos por cada discurso que das: el que practicaste, el que diste y el que te hubiese gustado dar.

Dale Carnegie

PARTE 1

LOS INICIOS COMO CONFERENCISTA

Todos nosotros, absolutamente todos, nos hemos preguntado alguna vez: "¿Por qué me pasó esto a mí?". Esa pregunta no se la hacemos a otra persona. Nos la hacemos a nosotros mismos, y no sé de verdad de quién esperamos recibir una respuesta, a no ser que sea de nosotros. Por supuesto que yo soy igual que ustedes y se imaginarán cuántas veces a lo largo de todos estos años esa pregunta ha llegado a mi mente, a mi alma y a mí corazón.

Ahora bien, al principio de todo este proceso las respuestas eran muy variadas, y dependían básicamente del humor con el que amaneciera el día que me la hiciera. Con el tiempo, esa pregunta fue cambiando a una a la que sí podía darle una respuesta, porque sí dependía de mí.

Decidí cambiar el por qué por el para qué, justo al cambiar al para qué, se abrió un panorama totalmente distinto y es justamente allí donde llegué a las conferencias.

Yo, Franklin Mejias Castellanos, en el año 2013, un conferencista a la edad de 14 años. Me veía en el espejo y no lo podía creer, aunque debo admitir que siempre me gustó hablar y escuchar a las personas. Siempre fui un niño al que le gustó dar consejos. Desde pequeño yo me sentía con mente de persona grande. Era como un adulto en miniatura. Claro que no es lo mismo ser un niño con experiencias normales de niño, que yo siendo un niño a los 14 años y habiendo vivido lo que me tocó vivir. Las conferencias llegaron como algo natural, porque las personas comenzaron a escuchar lo que yo decía y cómo lo decía. También porque todo ese proceso me llevó a madurar demasiado temprano y a convertir esa experiencia en palabras para ayudar a otros positivamente con mi mensaje.

Definitivamente, tenía mucho que decir y Dios fue moviendo magistralmente sus hilos hasta una pequeña escuela de kárate, mi primer auditórium, con un público infatigablemente preguntón; otros niños como yo, llenos de asombro y alegría.

Recuerdo que varios días antes había estado escribiendo en el IPad mi conferencia. La revisé y estudié, pero llevaría mis apuntes, por si se me olvidaba algo. Llegó el día y nos fuimos a la escuela de kárate. Estaba tan nervioso que, al llegar, me di cuenta que había dejado el IPad en la casa y ya no había tiempo de regresar a buscarla. Reía por los nervios que tenía y mi garganta se puso muy seca. Necesitaba tomar agua antes de comenzar.

Me asomé y vi a veinticinco niños sentados esperándome. Niños, algunos de mí misma edad y también incluso menores. Salí, y de inmediato vi cómo veían mis prótesis. Se me olvidó todo lo que había escrito. No recordé ni siquiera una frase.

Entonces decidí ser simplemente yo. Sí. Solo yo enfrente de esos muchachos, contándoles mi historia.

Hoy no puedo recordar ni una sola palabra de los que les dije, pero sí recuerdo sus caras de asombro que tenían mientras escuchaban mi historia, y viendo lo que un evento había causado en mi cuerpo y en mi vida.

Terminé de hablar y entonces se abrió el espacio para las preguntas. Todos querían preguntar. Todos levantaron la mano y yo estaba entre sorprendido y agradecido. Y allí comenzó lo mejor, porque me sentí tan cómodo entre ellos y su inocencia igual a la mía. Sus preguntas fueron sencillas, nada de cosas rebuscadas. Todo tan sencillo como: «¿Cómo te colocas las prótesis?; ¿Cómo te colocas los zapatos y cómo te amarras las cuerdas?» ... preguntas super simples, pero que hoy en día sé que ellos me recuerdan con mucha alegría y como un ejemplo a seguir ante la adversidad.

Justo en ese lugar comenzó todo, y desde allí tomé la decisión de formarme para hacerlo como debe ser: ¡muy bien! Inicié tomando cursos de oratoria, de presentaciones efectivas, leer libros de cómo hablar en público, de cómo hacer preguntas poderosas, de cómo hacer *rapport* y conectarme con la audiencia… me apasioné por esta nueva faceta de mi vida y me entregué a ella como con todo lo que hago; con energía y alegría. Con ello llegué a formarme como *Coach Life*, con tan solo 14 años. Todo eso para seguir nutriéndome en este camino que jamás imaginé para mí.

Después de ese primer día con veinticinco niños, he llegado a dictar conferencias hasta con 5.000 personas y, créanme, los nervios en la boca del estómago, el susto justo antes de salir es el mismo con veinticinco que con 5.000, y ¿saben por qué?, porque un conferencista serio y comprometido sabe que sus palabras pueden impactar vidas y su responsabilidad no depende del número de personas que lo escuchen en un momento determinado.

Por supuesto que para llegar a dictar una conferencia ante 5.000 personas pasó mucho tiempo, estudios y práctica. Y aquí quiero hacer una mención muy especial al Sr. Vicente Pasariello, quien, en ese momento hacia muchos talleres de crecimiento personal, fue allí donde comenzó a invitarme como un invitado especial en sus talleres de formación. En esas presentaciones él me daba un tiempo entre quince y veinte minutos, y yo lo que hacía era analizar un poco a la audiencia y entonces hablaba de mi experiencia de vida, de cómo afronté el proceso que viví y que aún seguía trabajando. Yo podía observar de cerca el impacto de mis palabras en las personas y él, viendo lo que causaba, decidió seguir apoyándome. Él inyectó en mi mente las cápsulas del crecimiento personal y del éxito. Creo que nunca le he agradecido por escrito lo que hizo por mí y pienso que no hay mejor lugar para hacerlo que en mi segundo libro. Gracias, gracias desde el fondo de mi corazón, por haber creído en mí, por apoyarme y por mostrarme de lo que soy capaz.

Otra persona que también fue fundamental en esta etapa fue

Elnor Bracho, quien junto a Vicente Pasariello me dieron los mejores consejos respecto al crecimiento personal, a cómo interactuar con las personas desde un escenario como conferencista, y sus enseñanzas aún me acompañan en cada una de las que dicto.

Pasada esta fase inicial de preparación y entrenamiento, pasé a lo que yo llamo, las ligas mayores. Vinieron Nelson Bustamante y Maikel Melamed a darme sus orientaciones, apoyo y experiencia. ¿Cómo no sentirme afortunado?

Todos ellos están en mí en cada una de mis conferencias.

Los verdaderos maestros son así, están contigo aun cuando no están presentes.

Toda esta fue la primera etapa entre el 2013 y el 2017. Público de entre veinte a cincuenta personas, ese público que está cercano y que puedes ver cerquita con tu impacto. Recuerdo nítidamente una conferencia en Doral Prohealth, en un evento de salud donde decidí presentarme esa vez con láminas de apoyo. Estudié un tema específico de salud y me preparé muy bien. Adicionalmente me vestí con mi franelita verde de "Ángeles Guerreros" (la fundación que creamos desde lo más profundo de nuestro corazón, para apoyar a personas con necesidad de prótesis) y mi objetivo ese día era incentivar a todos los presentes para que me ayudaran a ayudar. Ese día asistieron treinta personas. Iba en aumento mi público.

Así fui presentándome en una y otras conferencias durante cuatro años consecutivos, hasta que llegó el día del bautizo de mi libro el 11 de noviembre de 2017. Ese día no fueron veinte, ni cincuenta, fueron más de 150 personas. Sí, más de 150 personas pendientes de mi libro y de lo que yo les iba a decir allí. Ese fue un salto importante respecto a la cantidad de personas y la cantidad de mariposas que se posaron en la boca de mi estómago que no dejaban de moverse.

Ese fue el comienzo de:

Una gran cantidad de conferencias que he dictado;

Una gran cantidad de personas a las que he llegado con mi mensaje, y

Una gran cantidad de personas que me han dicho que les he cambiado la vida.

Meses después de la presentación del libro, y de muchas otras conferencias dictadas, me contactaron de una organización a la que pertenecí cuando estudiaba en South Broward High School y que se llama Latinos In Action (LIA). Esta organización comenzó a observar el potencial de mi mensaje y la forma como yo lo colocaba en el público —en aquel momento no existían ni el documental ni mucho menos los premios Emmy— y decidió apoyarme en grande brindándome la palestra de sus talleres de trabajo anual. Para crear el material para esos talleres me apoyó unos de mis mejores profesores que se llama Otto Rodríguez y el taller se llamó *Atrévete a soñar* (*Dare to Dream*). Fueron tres talleres de formación en inglés que dicté aquel día, todos de 45 minutos, a tres grupos distintos.

Aquel fue un día para mi historia personal, porque yo —quien debía haber sido quien iba a enseñar— salí aprendiendo algo de cada una de las tres conferencias.

Aprendí sobre la importancia de mi trabajo al colocar un mensaje.

Aprendí el nivel de responsabilidad que conlleva decir lo que digo.

Aprendí que mi vida es una lección de vida para otros.

Eso fue durante el año 2018 y esa experiencia me abrió un mundo de posibilidades mayores y fue así como el año siguiente no me invitaron a dictar los talleres de trabajo, sino a ser el conferencista principal de todas las conferencias anuales de la organización. Mayor reto, mayor responsabilidad. Alegría infinita.

"Qué increíble y qué bonito lo que he logrado paso a paso, un día a la vez", eso me repetía con frecuencia en esa época.

Después de que mi historia ganara los cuatro Premios Emmy, recibí un día la llamada de José Enríquez – el fundador de Latinos en Acción - para decirme que ese año me habían elegido para ser el conferencista principal de todas las conferencias de la organización en EE. UU. Tendría que asistir a varios lugares: Miami, Orlando y el estado de Utah con mi mensaje. Ese día, en la calma de mi cuarto pensaba en ese sueño actual tan grande, y también pensaba en el día de la conferencia en la escuela de kárate, en los veinticinco niños que recibieron mi primer mensaje, en cómo todo se había ido transformando con paciencia, dedicación, constancia y esfuerzo.

En ese momento ya me había graduado de High School y mi paso por el rol de *Latinos en Acción* y honestamente no me lo creía, que yo fuera a ser quien iba a dictar las 6 conferencias de ese año. Mis pasos iban por el camino correcto.

PRIMERA CONFERENCIA.
Universidad de Weber. 4 de marzo de 2019.

La primera de las conferencias fue en Utah, y hacia allá volé junto con mi papá, fue un vuelo de casi cinco horas, yo estaba mega contento y al llegar al aeropuerto nos estaba esperando Iván Cárdenas —¿quién me iba a decir que luego esa bella familia de Iván, Jool y sus hijos se iban convertir a lo largo de los años en una familia extendida de la nuestra? — quien se consagró como nuestro ángel de la guarda durante todas las conferencias dictadas en ese estado. Recuerdo que llegamos a la ciudad de Ogden, del estado Utah. Una ciudad muy hermosa, con gente amable y construcciones muy diferentes a las que conocemos nosotros. La conferencia fue específicamente en la universidad de Weber y yo estaba totalmente nervioso y asustado, pero feliz y pleno. Sí, no importa cuántas veces lo hayas hecho, es así. Había allí alrededor de 2.000 estudiantes.

Ese día creo que encontré la razón de mi vida.

Ese día entendí por qué me tocó vivir lo que había vivido.

Recuerdo que —como nunca había interactuado con tantas personas simultáneamente— pensé que lo mejor para romper el hielo era hacer una broma y decidí hacerla sobre mí mismo. Al llegar a la tarima y comenzar a hablar les dije: "Este año he viajado tanto, que justo ahora no logro sentir mis pies". La respuesta fue un silencio corto y luego unas fuertes carcajadas que sacudieron a todo el auditórium. Supe que ya los había hecho entrar en confianza.

En ese instante comprendí que había hecho este recorrido para vivir justo ese momento.

PARTE 2

CONFERENCISTA POR VOCACIÓN Y CONVICCIÓN... MI PROPÓSITO DE VIDA.

SEGUNDA CONFERENCIA.
Universidad Central de la Florida. 8 de marzo de 2019.

Ya les había contado, al final de la 1ra parte de este capítulo, que me habían seleccionado como conferencista principal para dictar las conferencias del encuentro anual de la organización LIA, y que había comenzado con la de la ciudad de Ogden, del estado de Utah, cuya experiencia fue electrizante por demás.

Entonces, debía asistir a la segunda conferencia, que estaba planificada en Orlando, del estado de la Florida. Para ese viaje tuve que organizarme con más personas, ya que de allí debía partir hacia uno de los lugares más mágicos que he conocido en mi vida, la ciudad de Nueva York, para un viaje familiar ya pautado desde mucho antes de las conferencias, junto a mi hermana, mi cuñado y mi mamá.

Entonces decidí conversar con un buen amigo que vivía en Tampa, una ciudad muy cercana de Orlando, ya que había trabajado en otras ocasiones junto a él y me gustaba la idea de que él me representase en este nuevo proyecto. Esa persona era Jhosep Rojas. Recuerdo que lo llamé y le pregunté si él podía ayudarme con la logística, sobre todo conversar la posibilidad de que se convirtiera en una especie de mánager para mí, porque de verdad habíamos hecho muy buen equipo de trabajo con otras actividades pasadas, ya que mi papá esta vez se quedaría en Miami, era el momento indicado de llevar a cabo dicha idea. Y así lo hice.

Entendí que mientras daba cada paso de mi evolución, debía rodearme de personas sabias, de personas que pudieran llevarme aún más lejos.

Me preparé entonces para dictar la segunda conferencia en la Universidad Central de La Florida. Volé solo desde Fortlauderdale hasta Orlando en un viaje de 45 minutos, luego de eso Jhosep me fue a recoger al aeropuerto. Recuerdo que me llevó directo al hotel, descargamos todo el equipaje y salimos inmediatamente a comer. Durante el recorrido en el carro y durante toda la comida conversamos muchísimo sobre los planes que se aproximaban.

Jhosep me ayudó a repasar mi conferencia haciéndome

preguntas, haciendo que yo enfocara los puntos más importantes y dónde debía colocarlos. Ese ejercicio nos tomó unas horas e hizo que la conferencia fuese más poderosa, esto logró que yo me sintiera mucho más cómodo con la forma de llevar mi mensaje. Esa ayuda fue fundamental para el cambio. También le dije que iba a invitar a alguien demasiado especial en mi vida, al *Siervo* John Class que fue la persona quien me llevó hasta la compañía Prosthetic & Orthotic Associates (POA), donde me hicieron mis prótesis y por quienes puedo caminar hoy en día. Él merecía estar allí viendo en lo que me había convertido. Mi agradecimiento es infinito.

Cuando regresamos al hotel estuvimos conversando sobre toda la logística de lo que se aproximaba horas después. Allí, Jhosep decidió llamar al Dr. Enríquez, para conocer cuál eran los planes conmigo y lograron establecer un excelente canal de comunicación entre ellos, junto a mí. Tras un intenso día de trabajo nos acostamos a descansar.

Había llegado el día tan esperado de dictar mi segunda conferencia. Nos levantamos muy temprano, y cuando saqué el traje de la maleta (muy pequeña por lo de los vuelos internos) estaba arrugado. Mi corazón dio un vuelco y mi cara lo dijo todo. Jhosep vio mi expresión y me dijo: «Tranquilo, yo lo plancho», y eso fue lo que hizo. Entendí que Jhosep ya era mi familia de la vida. En cinco minutos logró hacerlo y ya mi cara había cambiado, tenía la visión de lo que quería realmente lograr ese viernes 8 de marzo del 2019.

Salimos temprano para hacer con calma el largo recorrido de cuarenta y cinco minutos para llegar a la universidad. Llegamos, y mi impresión fue increíble, eso no parecía una universidad, parecía una ciudad dentro de otra ciudad. Era demasiado inmensa. Yo, el muchacho de las mil palabras solo decía, viendo a un y otro lado ¡Guao! ¡Guao! ¡Guao!… Sin duda era la universidad soñada de cualquier estudiante universitario, y yo pensando que iba a dar una enorme conferencia en uno de sus auditorios. Quedé totalmente deslumbrado. La universidad era tan grande que, al estacionarnos, nos mandaron a buscar con un carrito de golf para llevarnos hasta el lugar donde iba a dictar la conferencia.

Llegamos al lugar alrededor de las 7:00 a. m, esto no era un auditórium como en la anterior. Esta era una tarima con miles de sillas alrededor en una especie de sala enorme. Creo que, si me hubiesen dado la oportunidad, habría roto el récord corriendo en retroceso. El susto se apoderó de mí y eso que venía preparado, con mi *laptop* y todo el material trabajado, además de estar vestido muy elegante. Nuevamente Jhosep vino en mi ayuda. Me dijo: «Vamos a revisar y probar el sonido, debes familiarizarte con la tarima». Eso me tranquilizó un poco y también ver que había una cortina a la izquierda de la tarima que me permitía estar oculto del público durante los actos previos a mi presentación, eso me iba ayudar para poder mentalizar lo que ya mi corazón se sabía de memoria. Otra cosa que me hizo entrar en confianza fue que *el Siervo* estaba entre los invitados… de verdad que eso me dio un valor y una alegría única.

Sin darme cuenta, el tiempo para la prueba de sonido había terminado y todos los estudiantes estaban entrando a la sala para ver el *show* que se aproximaba en tan solos segundos. Jhosep me hizo señas desde la puerta y me fui para detrás de la cortina para que nadie lograra verme. Yo era la sorpresa que nadie se esperaba. Diez minutos después la sala estaba llena, no cabía un estudiante más, y ahí fue donde llegó el turno del Dr. Enríquez, él comenzaba la conferencia dándole el paso a una de las escuelas locales que iba a abrir con un baile temático. Después del grandioso baile presentó el documental *Más allá de mis manos* y de inmediato dijo: «Y con ustedes, Franklin Mejías Castellanos».

Lo que ocurrió a continuación fue en verdad alucinante. Puedo repetir en mi mente esa historia e incluso sentir lo que sentí ese día allí y que ha marcado el resto de mis conferencias desde entonces. Quiero narrarles la experiencia para que la vivan conmigo a través de mis letras: euforia total. Muchos llorando o riendo emocionados. Las personas se levantaron de sus asientos y aplaudieron, gritaron y saltaron. No había forma de no contagiarse de esa energía que recorrió todo el lugar. No paraban de aplaudir, y yo, en el medio de la tarima con lágrimas en los ojos. Temblaba de emoción y toda mi piel se erizó. Eso ocurrió por un largo minuto. Allí estaba mi propósito de vida: Transformar la de otras personas.

Se fueron calmando y sentando y yo usé todas mis herramientas aprendidas sobre el control para dejar de moverme de un lado a otro de la tarima para poder conectarme con esa energía y arrancar a hablar.

La conferencia fue un momento extraordinario. Me entregué al 1000 %, y al acercarme al cierre les dije que recordaran que mi libro estaría disponible a la salida del evento.

Esta anécdota es increíble, porque cuando bajamos de la tarima y nos dirigimos al área de nuestro *stand* de *Más allá de mis manos* para la firma autógrafa de libros, no había ni un solo libro disponible; nos quedamos mirando unos a otros. Pensamos que los habían recogido para colocarlos al finalizar la conferencia, pero lo que realmente ocurrió fue que los estudiantes pensaron que el libro era un regalo del evento para ellos y pasaron ordenadamente a recogerlo allí. Pasada la confusión, inmediatamente nos comunicamos con el personal del evento y llegamos a un acuerdo mutuo: entendíamos la confusión de los estudiantes; no era su culpa. Luego de eso decidí firmar y dedicar todos los libros, en obra de agradecimiento por querer saber más de mí. Hacer eso me hace sentir mucho más cerca de cada uno, porque me permitió hablarles y verlos a los ojos… hasta incluso darles consejos para su vida.

Hoy en día sé que mi libro permanecerá con ellos por siempre.

Al terminar, nos fuimos a comer dentro de la universidad y luego a tomarme fotos con los estudiantes, pero yo debía apurarme porque tomaba mi vuelo a Nueva York. Ese vuelo salía a las 7:00 de la noche y ya eran las 4:00 de la tarde. Debíamos actuar en modo urgencias.

Puedo decir con toda sinceridad que ese día fue una muestra perfecta de la vida que quiero para mí, algo así como: «¡Luces, cámara, acción!».

Un día completo: amigos, profesión, propósito, emoción, éxito, contacto, viajes y familia. Un día para la historia.

TERCERA CONFERENCIA.

Universidad Internacional de La Florida. 14 de marzo, 2019

La tercera conferencia fue en Miami, y a esa conferencia invité a toda mi familia y amigos. No pudieron ir todos, pero —como siempre— junto a mí estuvieron personas importantes, como mi papá, Milagros Marino (una grandiosa amiga atleta) y una vez más Jhosep Rojas. También me sentí demasiado emocionado y especial porque a esa conferencia iban a asistir alumnos de la escuela de donde me gradué, South Broward High, junto al profesor Mr. Rodríguez, si se acuerdan, con el que había hecho el taller *Atrévete a soñar* el año anterior. Gran amigo, y gran persona. También había muchos amigos presentes, se encontraban escuelas conocidas como McArthur High, a quienes yo les había dado ese mismo taller el año anterior, y todas las otras escuelas de mi área. Me sentí totalmente en mi terreno, con confianza y seguridad. De verdad que fue fenomenal.

Ahora les cuento algo interesante: justo en esta conferencia donde me sentía cómodo, tranquilo, sin angustias me ocurrió un percance que no me había ocurrido antes, ¿saben por qué me ocurrió?, porque la tranquilidad me hizo confiarme y no ser tan minucioso como en las otras oportunidades. No probé el sonido antes del evento, sino que llegué directo a hablar. Al no funcionar bien, tuvieron que subir los técnicos a arreglar el sonido. Eso me descontroló un poco. Me sacó de órbita y tuve que hacer un esfuerzo mayor para concentrar la atención. Al final, se logró el objetivo y el mensaje llegó como en cada una de las conferencias anteriores.

Quisiera dejar por escrito un aprendizaje importante y fundamental como conferencista y profesional (que aplica para todo aquel que tenga un compromiso real con su propósito, trabajo o emprendimiento):

Tú eres el responsable de la calidad de tu trabajo.

No descuides ningún aspecto.

No te confíes.

Crea tu lista de revisión.

Verifica.

Disfruta del proceso.

Ese día no pude compartir mucho con los estudiantes en la conferencia porque tenía que regresar a Utah para la cuarta conferencia. Tomamos muy pocas fotos, pero las que tomamos, hoy en día las conservo. Fueron fotos con el grupo de la escuela donde me gradué: con el gran profesor Otto Rodriguez; con mi amiga Milagro Marino y con una persona que había venido a ver mi crecimiento personal, era mi directora del colegio Ms. Olayemi Awofadeju. Recuerdo que me felicitó y me dijo que estaba orgullosa de mí, no creía todo lo que había logrado recordando cinco años atrás cuando había llegado como alumno nuevo a la escuela South Broward High. Me dijo que yo le había demostrado que "sí se podía", siendo ejemplo de gallardía y valentía.

Digamos que la experiencia que ya posees en tu ser, es única, es tan valiosa que nadie la puede comprar, ni tú la puedes vender. ¡Úsala!

Una vez concluido ese gran momento, logramos irnos de la universidad a comer algo, y mientras comíamos hablábamos de la gran conferencia. Después, Jhosep nos llevó al aeropuerto para irme con mi papá a Utah. Nuestra estadía iba a ser de tres días porque debía dictar mi segunda conferencia y, aparte, decidimos conocer un poco más de ese grandioso lugar.

Estábamos muy contentos por todo lo logrado hasta ese momento, estaba cumpliendo de forma increíble con lo que yo consideraba mi propósito.

CUARTA CONFERENCIA.

Universidad Brigham Young, marzo 15 del 2019

Esta cuarta conferencia fue tan espectacular como las anteriores, en una universidad mormona super importante en la ciudad de Provo, en el estado de Utah, pero realmente lo que me cautivó de este estado, desde la primera vez que estuve allí, fueron sus montañas, el clima y la amabilidad de su gente. La universidad de Brigham Young era super bella, acogedora.

Una vez más me encontraba entre esos sentimientos diferentes que aparecen cada vez que voy a dictar una conferencia, pero ya aprendí a usarlos como gasolina para dar el 100 % de mí. En esta ocasión me fue fenomenal, todo fluyó como siempre, ya era todo un profesional, logré conocer a muchos estudiantes que además eran venezolanos como yo, querían conversar y tomarse fotografías conmigo.

Estuvimos en esta ciudad durante tres días. Me había enamorado de Utah y de su gente amable y cordial. Allí fui recibido por Iván Cárdenas, y logré conocer esa vez a su hermosa esposa, Jool, y a sus hijos Logan y Joaquín, con quienes compartí como si fuéramos parte de la familia Cárdenas, y también conocí a sus grandes amigos Linn y Audra Wright, increíbles personas de verdad.

Luego de la cuarta conferencia hubo una quinta (allí también en Utah). Este estado se convirtió en uno de mis lugares favoritos. Esa quinta conferencia fue en la Universidad de Utah y de verdad quedé impactado, tanto que se me ocurrió que me gustaría poder estudiar allí.

Utah me abrió sus puertas… yo le abrí mi corazón.

Haber iniciado y continuado todo ese proceso me ayudó a ir perfeccionando mi conferencia. Me ayudó a hacerla mucho más amena, una especie de "muñequito" de mí mismo, algo como un traje perfecto a la medida, tanto que…

La conferencia soy yo, y yo soy la conferencia.

Hoy puedo decir, sin temor a equivocarme, que soy capaz de hacer la conferencia con o sin sonido, con o sin material de apoyo. Además, incorporando todas y cada una de las vivencias que me permita el público y que genere el momento. Puedo tomar cualquier parte de la conferencia y convertirla en otra conferencia ajustada al momento.

Eso se llama pasión aplicada a la responsabilidad de comunicar.

Ese recorrido me fue llevando por caminos que ni siquiera habría soñado y mucho menos imaginado o pensado. Esa conferencia me llevó, no a diez, ni a veinte, sino a cientos de conferencias en los Estados Unidos, con públicos diversos.

Mi conferencia —y la forma de llevarla también— fue vista como una visión del país posible, de ese país fuerte, trabajador y hermoso como lo es Venezuela. Esa visión fue de Jhosep Rojas quien me planteó la posibilidad de presentarla dentro de lo que se conoce como el *Plan país*, en la sección de Tampa, en EE. UU. Esa idea me encantó, porque si hay algo que deseo fervientemente es poder regresar y caminar en el país que me vio nacer y al que dedico cada noche una oración sentida.

Para llegar allí, hice contacto con Nelson Bustamante y, junto con Jhosep, llamamos a Sofía Rada, quien a partir de ese momento se convirtió en la hermana menor de Jhosep y en otra hermana mayor para mí. Ella fue una pieza fundamental en mi crecimiento como conferencista, y fue la puerta para presentarme en *Plan país*, donde debo decir que me sentí como dentro de mi país en miniatura, porque fue una conferencia en mi propio idioma castellano o quizás en venezolano. Fueron los treinta minutos más sabrosos de conferencia que he realizado. La hice muy corta y ¡*guao*!, todo el mundo se paró a aplaudirme con una alegría sobrecogedora. Sé que esa alegría es la de vernos allí juntos luchando por una razón: Venezuela.

A partir de allí fui conectándome más y más con mi sueño reciente, con mi vida y con todo el proceso de formación que eso ha implicado no solo a nivel de oratoria sino también a nivel tecnológico. El crecimiento a nivel profesional no termina. Es una exponencial que crece y crece cada día y eso me apasiona.

Quiero ser un conferencista que se presente ante un estadio lleno con muchísimas personas alrededor, con un mensaje simple, pero a la vez profundo de reconocernos unos a otros, deseando que traspase lenguas y fronteras, porque…

Si yo pude, tú también puedes.

Y eso me lleva a plantearte las siguientes preguntas para trabajar:

¿Qué crees tú que te causa el miedo?

¿Estás dispuesto a enfrentar esos miedos para crecer?

¿Has aceptado los consejos de quienes te rodean para hacer real tu propósito?

¿Sientes que la vida te está llevando por donde no quieres ir?

o ¿Estás llevando a la vida por donde tú quieres ir?

Para cerrar quiero dejarte una herramienta y una reflexión que he usado para avanzar en todo este proceso.

La herramienta: **Un día a la vez. Un paso tras otro con tu lista a cumplir, sin desistir.**

La reflexión: **Nunca imaginé dominar el escenario como**

lo hago ahora, y siento que eso se debe a una mezcla perfecta de estudio, preparación y de confianza en Dios, a quien pido coloque las palabras perfectas para el momento indicado.

Las conferencias son parte de mi vida y me siento invencible cuando estoy enseñando.

Qué privilegio tener esta oportunidad en mi vida.

PARTE 3

MIS APRENDIZAJES SIENDO CONFERENCISTA

Ser un conferencista desde tan temprana edad —comencé a los 14 años— me ha mostrado el lado más amable de la vida, y digo amable porque pararme frente a un público de hasta 6.000 personas y poder observar que hay personas que podrían ser mis hermanos mayores o mis padres, e incluso mis abuelos, escuchando lo que un muchacho como yo puede decirles, es una forma de mostrarles que soy definitivamente un instrumento de Dios aquí en la Tierra.

Podría sonar extraño que un muchacho de tan solo veinte años pueda definirse como un maestro, pero es lo que siento que soy. Tal como mencioné anteriormente, no existen materias en el colegio que nos enseñen a vivir la vida, pero lo que he vivido me brindó más herramientas que cualquier materia que haya estudiado o que vaya a estudiar. Podría decir que —al menos en lo que a superar obstáculos inmensos y salir adelante se refiere— yo ya estoy graduado… yo tengo una maestría de vida.

Este camino, muchas veces rudo y desafiante que he recorrido, se ha convertido en un canal para aprender cada día, y para ser entonces un maestro también. No hay aprendizaje hasta que no eres capaz de transformar con ese aprendizaje a alguien.

Quise entonces utilizar esta sección, la *Parte 3*, de los escritos sobre mi vida y las conferencias, para hacer una especie de resumen, en líneas sencillas, de lo que es ser un conferencista y de lo que me ha enseñado, hasta dónde ha impactado mi mensaje.

Siento que es un deber transformar mis vivencias en frases que puedan ser utilizadas para inspirar y motivar a todo aquel que pueda leerme. Esto lo hice con más consciencia en el año 2019, cuando sentado frente a mi laptop —comprada con mis ahorros y con mucho esfuerzo— decidí ponerles palabras a las experiencias y convertirlas en un mensaje inspirador, directo, divertido y con un objetivo claro: tocar las vidas de tantas otras personas. Allí comprendí aún más cuánto amo pararme en un escenario a compartir mi vida y mis reflexiones sobre ella. Vayamos, entonces, con los aprendizajes y reflexiones:

➢ He aprendido que trabajar en mis conferencias me ha brindado una capacidad de adaptación muy similar a la que he tenido que desarrollar con mis prótesis: me he ido amoldando al público, al tipo de escenario, al tiempo, al espacio, al objetivo. La adaptabilidad ha sido fundamental para que el mensaje sea bien recibido en niños, adolescentes, adultos y adultos mayores.

➤ He aprendido a utilizar la energía que nace sobre el escenario, y he llegado a entender que esa es la misma energía que siente un músico, un deportista, un profesional o un emprendedor cuando hace lo que ama. Cuando se hace lo que se ama no se trabaja en ningún sentido. Es la magia que convierte el trabajo en pasión.

➤ Haberme atrevido a dar la primera conferencia fue el paso que abrió el infinito camino de posibilidades que hoy tengo ante mí: conocer personas influyentes de distintas áreas; recibir técnicas y consejos para superarme día a día; mostrarme que ahora es cuando hay oportunidades por descubrir y recorrer; entender que un acontecimiento fortuito puede transformar vidas, si ese acontecimiento se convierte en un mensaje, eres capaz de inspirar y motivar a otros.

➤ También me ha brindado el valor de hablar sobre la vida, ese hilo muy fino que la representa me ha permitido caminar sobre él, entendiendo con propiedad que arriesgarse es necesario y que debemos disfrutarlo al máximo, que incluso debemos gozar cada caída, porque nos muestra los extremos entre la debilidad de caer y la fortaleza de levantarnos.

➢ Hacer las conferencias me ha dado una vía increíble para transformar en palabras mis vivencias y convertirlas en mensajes sencillos y profundos sobre la inspiración y la motivación. Todo eso va sumando a lo que soy hoy y eso se convertirá en el piso del mañana.

➢ Ser un conferencista, y además escritor, me llevó a un nivel superior de responsabilidad: me convirtieron en un influyente (*influencer*), con todo lo que conlleva esa palabra: seguidores; exposición continua; autoridad en el manejo de un tema; ejemplo a seguir y cuidado con mis mensajes. Y todo eso a mis veinte años.

➢ Pararme en un escenario y hacer cosas tan sencillas como agarrar un lápiz y un papel, y empezar a escribir con mis muñones, se convierten en todo un mensaje poderoso, simplemente porque yo no tengo manos, aunque para mí ya es sencillo, para quien lo observa es una acción casi que imposible.

➢ Cuando me paro sobre el escenario, yo me siento como un árbol enraizado, más específicamente, un araguaney, el árbol que representa a Venezuela, mi amado país. Dando las conferencias me siento frondoso como ese araguaney, con un tronco fuerte que ha sido alimentado con constancia, esfuerzo, dedicación, amor y felicidad. Me siento con ramas robustas representadas en todos y cada uno de los que me han enseñado algo para estar allí. Yo no sería yo sin todos ellos.

➢ Ser conferencista ha cambiado en mucho mi propia perspectiva de ver las cosas, y eso solo me demuestra lo que yo uso cada día como una oración personal: "Si tu cambias la manera de ver las cosas, las cosas van a cambiar… trabaja tu actitud". Todo depende de tu actitud ante los eventos. La frase "La fe mueve montañas", está, en efecto unida a mi visión, porque esas montañas solo van a moverse si queremos que se muevan, porque no hay fe sin acción. La fe nos mantiene vivos y con energía para accionar. Yo lo comprobé cuando siendo un niño tuve que enfrentar la realidad de lo que me ocurrió. La fe era la que me daba las fuerzas para hacer lo que tenía que hacer. Así como lo dice mi buena amiga Laura Chimaras en el título de su libro, Nunca pierdas la Fe.

➢ Hacer las conferencias me ha obligado a realizar una evaluación de quién soy y qué quiero transmitir, eso me ha llevado a profundas reflexiones sobre el hecho de que somos mucho más que unas extremidades… que somos mente en acción, que puedo mostrarles a las personas en las conferencias que todos podemos lograr lo que queramos. Yo soy un verdadero ejemplo.

➢ Ser conferencista ha activado a niveles increíbles mi creatividad para conectarme con el público. Un ejemplo, que se me ocurrió un día, fue decirle a la audiencia que les iba a dar un minuto para que pensaran cuánto dinero podrían ellos pedir por sus dos manos, es decir, que pusieran precio a sus manos para ver si yo podía comprarlas. Este ejercicio ha sido por demás poderoso. Cuando finaliza y les pregunto por la cantidad que pedirían, el precio justo, el silencio es abrumador. Y allí les muestro entonces la importancia de entender que no tenemos precio, que tenemos un valor, y que debemos hacernos conscientes cada día de que las cosas simples — que damos por hechas— son extraordinarias. Somos invaluables. Somos diamantes por pulir y tenemos una vida para hacernos una joya preciosa.

➢ Lo que quiero ofrecer a todos es inspiración y una herramienta de agradecimiento continuo, porque tenemos cada día una oportunidad para poder levantarse, poder sentir sus dos pies y sus dos manos, luego sentir su corazón latir. Quiero mostrarles que eso que para ellos pasa desapercibido, es una bendición.

➢ Ser conferencista me ha llevado a vivir intensamente el placer de comunicar y conectarme. En las conferencias, las personas se asombran, ríen, lloran, se inspiran al verme y se motivan a cambiar lo que quieren cambiar.

➢ Ser conferencista me ha puesto un desafío permanente por reinventar las formas de llevar el mensaje. Por ejemplo, he incorporado cambiarme, en pleno escenario, las prótesis de caminar por la prótesis de correr. Ese gesto me muestra tal y como soy en verdad sin prótesis. Muestra cuán diferente soy sin ellas, y eso mismo genera un impacto mayor en la audiencia. Cuando hago ese proceso les muestro el amor conmigo mismo, de ponérmelas con esa pasión, que aun cuando no ha sido fácil adaptarme a ellas, caminar y correr, lo más importante es la perseverancia que ha definido quien soy hoy. Les muestro lo que es capaz la mente de hacer cuando queremos lograr algo.

➢ Ser conferencista me ha mostrado la importancia de ser un solo organismo en cuerpo, alma, mente, espíritu, y acción.

➤ Ser conferencista ha afianzado más aún mi creencia en Dios y en la posibilidad de llevar su mensaje a través de mí.

➤ Nunca imaginé cuánta influencia podría tener en tantas personas, y a veces, al estar parado en un escenario y ya por terminar la conferencia, siento como que llevo un costal muy grande en mi espalda lleno de sueños, ilusiones y promesas por alcanzar. Es como ser un san Nicolás o Papá Noel permanente, porque puedo irlo repartiendo a todas y cada una de las personas allí presentes.

➤ He tenido en valor de asumir una tarea muy difícil, que es la de hablar sobre la vida y retarme a mí mismo para decirles que las adversidades llegan en los momentos más inesperados para entender que sobre los eventos no tenemos el control, pero sí sobre las decisiones que tomaremos de lo que vamos a hacer con lo que nos ocurra.

➤ He aprendido a aceptar con mucha humildad los agradecimientos de todos aquellos que vienen a tomarse una foto conmigo y a decirme que les he cambiado la vida. He aprendido a emocionarme siempre con cada frase que sale de sus labios hacia mi mensaje y ejemplo.

Puedo decir que, al terminar cada conferencia y ver la reacción de las personas, literalmente el corazón se llena de gozo y me digo: "¡*Guao*!, cada etapa de mi vida ha sido para que pueda estar aquí, y eso me hace esforzarme más por ser mejor".

Todos necesitamos, en algún momento de nuestras vidas, que nos den consejos, pero que yo me haya convertido a tan corta edad en quien los da, me hace ser inmensamente feliz y agradecido...

VINIMOS A SOBRESALIR. NO A SOBREVIVIR.

VIAJES AL DESPERTAR

Inolvidables

Viajar te deja sin palabras y después te convierte en un narrador de historias.

Ibn Battuta

Estados Unidos es un país muy grande, posee 9 833 517 km² de extensión. De ellos, el total de tierra es de 9 147 593 km²; y en lo referente al agua, son 685 924 km². Cuenta con 6 465 799 kilómetros de carreteras y un total de cincuenta estados, por lo que, a mi edad, pueden ustedes imaginar que ahora es cuándo me quedan lugares por recorrer dentro de este increíble país.

Tal como les conté en mi libro *Más allá de mis manos* yo vine de paseo a los EE. UU., y el destino decidió que sería aquí donde iba a pasar de ser niño a adolescente y de adolescente a adulto. Un sueño de quince días se convirtió en una verdad insospechada, pero de lo que no hay dudas es que esa cadena de eventos me trajo a lo que soy hoy, y a lo que he recorrido por tierra y por aire en este sorprendente país.

Durante los últimos nueve años he tenido la oportunidad

de viajar solamente dentro de los EE. UU., porque por temas político-administrativos de mí amado país —Venezuela— ha sido absolutamente imposible renovar mi pasaporte, lo que niega toda posibilidad de viajar fuera del país de residencia (por los momentos).

La mezcla de no poder salir del país, con mi vida reconocida como conferencista, ha hecho que recorra múltiples estados e infinidad de ciudades en EE. UU. por tierra y por aire, y quizás podría asegurar que conozco muchos más lugares de este gran país que del de mi origen, e inclusive, más que los muchachos de nacionalidad americana de mí misma edad. Sin duda que soy bendecido.

Estos viajes me han cambiado como persona, han potenciado mi intuición y me han enseñado a revisar mi percepción de muchas de las cosas que me ha tocado vivir.

Viajar es un libro abierto de cultura general, sólo hay que saber leerlo para poder aprender.

En mi caso, viajar me ha dado simples herramientas para llevar mejor el día a día.

Esos viajes han sido un factor fundamental de cambios en mi vida, y es por eso que les voy a narrar algunos de ellos, sin un orden cronológico, porque lo fundamental es la experiencia.

NUEVA YORK

Nueva York es una ciudad incomparable, es la ciudad que nunca duerme. Es una ciudad masiva. Llegar allí nos hace sentir emociones encontradas: por un lado, una sensación de grandeza como cuando se visita el Empire State (tiene 102 pisos y se recorren 1.860 escalones de la base al piso 102) y una de empequeñecimiento al caminar por esas enormes aceras donde, si no caminas, te caminan, te empujan y te llevan a tener esa increíble experiencia llena de fotos y videos.

Tuve la oportunidad de visitar esta grandiosa ciudad con mi papá, en enero del año 2018. Fue un viaje de padre e hijo, el estar en Nueva York me mostró, de una forma práctica, simple y sencilla, lo que los seres humanos han sido capaces de crear, construir y avanzar con una visión clara más constancia y dedicación. Sabemos que podemos estudiar, aprender mucho, pero el aprendizaje que nace de vivir lo que hemos leído o estudiado, difícilmente se olvida, por el contrario, se incorpora a nuestras vidas.

En ese viaje, también recorrimos el impresionante e inmenso Central Park que es el parque urbano más grande de Nueva York, y unos de los más grandes del mundo. Mide más de 4 km de largo y 800 m de ancho. Me sorprendió que justo allí hubiese praderas, lagos artificiales, cascadas y zonas que parecen un auténtico bosque. No pudimos recorrerlo por completo, solo una parte, y estar allí me mostró la importancia de visionar espacios verdes dentro de grandes ciudades. Es como un oasis dentro de un mar de concreto, carros y ruido.

Nueva York es una ciudad dinámica y para ser honesto, cuando llegué por primera vez al Times Square no sabía si llorar, reírme, abrazar a mi papá… de verdad nunca antes había estado un lugar tan iluminado, que me moviera tanto espiritualmente. Sentía como si quería absorber esa energía y guardarla almacenada dentro de mí por el resto de mi vida. Es una ciudad competitiva y multitodo: multiracial, multicultural. También pude conocer el famoso *subway* (tren) que te lleva a cualquier lado de la ciudad en cuestión de segundos. Mi papá fue un gran guía turístico, ya que él había estado allí anteriormente.

Debido a todos estos sentimientos tan fuertes, sentí que necesitaba volver a la Gran Manzana siendo yo el guía turístico. Así fue, logré convencer a mi hermana mayor, y a mi cuñado. Recuerdo que regresamos un año después, en marzo del 2019. Franny y yo juntos decidimos que, en ese viaje a New York, íbamos a llevarnos a nuestra mamá (Any Castellanos) como muestra de agradecimiento, para que conociera un poco, ya que estaba recién llegada de Venezuela. Fue un viaje increíble, con ellos visite la iglesia de San Patricio, y en esa ocasión era yo quien les explicaba casi todo acerca de la ciudad. Fuimos a ver la Estatua de la Libertad y muchísimas cosas. Hoy en día, mientras escribo estas líneas, pienso que eso que viví junto a ellos hace que me sienta como una persona muy grande.

Haciendo una pequeña pausa, me gustaría hacer énfasis en un sitio que me marcó por completo las dos veces que estuve en Nueva York: La Zona Cero, donde antes estuvo ubicado el famoso World Trade Center, donde estaban las Torres Gemelas. Estoy seguro que saben el resto de la historia. Fue un lugar donde el silencio abarcó mis cinco sentidos. Fue sobrecogedor el silencio, donde solo respiré sentimientos encontrados.

En Nueva York te sientes como si fueses todo y nada a la vez.

Es abrumadora y atrayente.

¡Nueva York es simplemente indeleble en mi mente!

NORTH CAROLINA

La primera vez que estuve en Carolina del Norte fue un viaje muy familiar, porque fuimos mi hermana, mi cuñado, mi tía Alejandra, mi tío Augusto, mi prima Miah y yo. Mi papá no nos pudo acompañar esa vez por varios factores. Viajamos específicamente a una ciudad, Boone.

Llegar allí fue una especie de revelación del concepto de felicidad. Nosotros vivimos en Miami y allí todo es grande, la gente vive lejos, todo es tráfico, rapidez y fiestas. Llegar a Boone, fue como estar en una especie de remanso de paz. No se parece en nada a Miami, y mucho menos a Nueva York. Aquí lo que se respira es una felicidad cercana de familia, de gente amena y atenta.

Este viaje fue una experiencia bastante particular por muchas cosas. Por una parte, por mostrarme lo distintas que son una gran ciudad y una pequeña, y también porque fue mi primer contacto con la nieve. Esto último lo disfruté muchísimo lanzándome en *tubing*, una actividad recreativa donde una persona se coloca en la parte superior de un tubo —también conocido como *donut* o *galleta* debido a su forma interior— ya sea en el agua o nieve. El *snow tubing* es una divertida actividad recreativa que consiste en lanzarse a través de unos toboganes de nieve montado sobre un colchón circular.

Lanzarme en *tubing* fue una experiencia emocionante y, a la vez, aleccionadora. Emocionante porque no puedes parar de reír al irte desplazando a velocidad por la nieve, y aleccionadora porque es como muchas cosas en la vida: tú crees que tienes el control, pero hay fuerzas o eventos que ocurren de improviso para hacértelo perder. Yo trataba de dirigir el *tubing* y aunque lo halaba hacia un lado o hiciera presión, él tenía como vida propia, y se conducía como le daba la gana sobre la nieve, ja, ja, ja.

Muchas veces en nuestra vida debemos, simplemente, dejarnos llevar. Más adelante van a comprender por qué les digo esto.

LAS VEGAS

Las Vegas es una ciudad a la que llegan anualmente más de 30 millones de turistas, y donde la promesa es hacerlos ricos en segundos. Sus luces son interminables, se te quedan en los ojos por muchas horas… pero justo aquí, en la ciudad del dinero rápido y fácil, pude encontrarme con la otra cara de la moneda, esa de la gente que trabaja muy duro para poder vivir.

Allí conocí a una señora que en un pequeño puesto vendía recuerditos de la ciudad. Me quedé largo rato conversando con ella. Me contó que era procedente de México, y de verdad aún estaba esperando alcanzar el sueño que ella anhelaba, pero la realidad era que estaba trabajando duro a diario para poder vivir al día, y así también poder mantener a sus nietos, ya que su hijo (el padre de sus nietos), lamentablemente, había muerto.

Este simple encuentro ¿casual?, cambió radicalmente mi visión del viaje. De ir con la idea de solo disfrutar el paseo y vivir la magia de Las Vegas, pasé a tener muchos ratos de reflexión y análisis, porque escuchar esa historia de vida me hizo, por un lado, agradecer infinitamente lo que tengo, y por el otro comprender que cada quien tiene su poderosa historia.

DE UTAH A LOS ÁNGELES

Con mi hermana y mi cuñado, conocidos los tres como "El equipo viajero", hicimos un recorrido espectacular en carro desde Utah hasta Los Ángeles. Fue un viaje de nueve horas, donde durante las tres últimas me tocó a mí manejar el carro. Podría decir que fue como unir dos pasiones en una: viajar y manejar.

Cuando iba manejando me iba dando cuenta de las diferencias que puede haber entre las autopistas en un mismo país. Por ejemplo, estas de California no se parecían en nada a las autopistas de Miami, que son las que recorro con frecuencia. Debo reconocer que no imaginé que conocería tan pronto este estado, porque está bastante alejado de mi lugar de residencia en La Florida.

California es unos de los estados más grandes de EE. UU., después de Alaska y Texas. Conocimos Los Ángeles, allí recorrimos Malibú y Santa Mónica. Mientras hacía el recorrido por Malibú, mi mente y mis recuerdos se fueron directo a mi país, Venezuela, porque ese olor a mar y playa que ocurre cuando las olas golpean contra las rocas, sale la bruma esparciéndose con la brisa, hizo que recordase mis viajes a La Guaira, con mi papá, desde Caracas hasta La Guaira, en transporte público (llamadas camioneticas). Fue un asalto de recuerdos a mi memoria.

Entendí que los recuerdos tienen olor, sabor y sensación.

Estos viajes, junto a los que hice a Utah, son un continuo recordatorio de quién soy, hacia dónde quiero ir y cómo puedo aprovechar cada acontecimiento para incorporarlo a mi misión de vida; la de ser portador de un mensaje.

Para mí la vida tiene un 50 % para viajar, conocer personas maravillosas, comer cosas diferentes, indagar en infinitas posibilidades y un 50 % de eventos que pueden sorprenderte. Para mí viajar es una forma de relajación, porque lo he canalizado como aprendizaje y como un mensaje permanente de "Franklin, ahora es cuando te falta". Pronto, muy pronto, recorreré más estados de EE. UU., estoy seguro de que mi sueño de visitar Venezuela y de recorrer América Latina está muy cerca también.

No quisiera cerrar sin mencionar una frase de mi papá que me viene muy bien, en relación con todos los viajes que quiero hacer:

—Franklin, ve con calma cuando lleves prisa.

Y yo le respondo:

—Aquí estoy, con mis brazos abiertos en la calma y en la prisa, para recibir lo que Dios me envíe.

NOS ENCONTRAMOS EN EL ROMPECABEZAS DE LA VIDA,
ENCAJANDO PIEZA POR PIEZA EN SU ETAPA RESPECTIVA.

MI MAMÁ

De regreso

[Madre], la palabra más bella pronunciada por el ser humano.

Khalil Gibran

Mi mamá no es un capítulo dentro de este libro, mi mamá es el libro que hizo posible que yo pudiese vivir los capítulos de mi vida. Alan Schore, profesor de psiquiatría de la Facultad de Medicina de la Universidad de California en Los Ángeles, dice respecto a la importancia del amor materno:

La primera relación del bebé —la que tiene con su madre— es como un molde, pues condiciona permanentemente su capacidad para establecer todas sus relaciones emocionales posteriores.

Esa frase del Dr. Schore muestra claramente el nivel de impacto de mi mamá en mi vida. No habría sido posible mi forma de enfrentar todo el proceso de la pérdida de mis manos y mis pies, si mi mamá no me hubiese generado las condiciones emocionales para entender, asimilar, aceptar y transformar los hechos para convertirme en la persona que soy hoy.

Todos aquellos quienes leyeron mi primer libro saben que mi mamá estaba en Venezuela cuando ocurrió este cambio en mi vida, porque yo había venido a los EE. UU. de vacaciones con mi papá. Los invito a imaginar por un instante lo que ese evento significó para mi mamá, aun así, que tuviese la suficiente fortaleza para enfrentar la realidad para llenarme de fuerza y entereza. Eso fue fundamental para mí. Yo vivía en Venezuela con mi mamá, porque mis padres estaban separados casi desde que nací, aunque mi papá siempre estuvo y ha estado en mi vida sin falta.

Al estar en los EEUU y comenzar a vivir mi nueva realidad, me instalé a vivir con mi papá en un nuevo hogar. Mi mamá viajaba cada vez que el tiempo y los ingresos nos permitían que viniese a estar conmigo y con mi hermana.

Yo rezaba, le pedía a Dios cada noche que mi mamá deseara y pudiera quedarse a vivir cerquita de mí en los EE. UU., y Dios por fin escuchó mis ruegos. Al matrimonio de mi hermana Franny y mi cuñado Luis, mi mamá logró venir; un evento muy importante en nuestras vidas. Desde esa vez empezó a ver las posibilidades de poder quedarse en un futuro en este bendecido país, llegó hasta un punto donde regresó a Venezuela y en menos de dos años ya estaba de nuevo con nosotros, dispuesta a empezar de cero junto a sus hijos.

Yo no puedo explicarles, no porque no lo sepa sino porque no hay palabras que puedan describir el nivel de felicidad que tuve cuando mi mamá decidió quedarse. Los hijos, quizás en algunos momentos rebeldes de nuestra vida, no llegamos a comprender lo que es una madre, ni los niveles de sacrificio a los que estaría dispuesta a exponerse por la vida de sus hijos. A mí me tocó entenderlo quizás porque mis circunstancias han sido muy distintas a las de cualquier muchacho común. Por ello puedo decir que tener a nuestra mamá a nuestro lado nunca tendrá nada que se le acerque en nivel.

Mi mamá es una mujer muy fuerte, con mucha determinación, es alegre, divertida, muy sabia para orientarme y para darme consejos de MAMÁ. Verme en sus ojos es como una radiografía. Mi mamá no necesita que yo hable. Ella ve a través de mis pupilas. Es como si entrara y pudiera leer mis pensamientos y sentimientos.

En la época cuando mi mamá tenía que ir y venir de Venezuela a EE. UU., esos intermedios eran para mí interminables, y no porque estuviera solo o sin afecto o apoyo, no, nada de eso, mi papá y mi hermana Franny (solo por nombrar a mi núcleo familiar) fueron y siguen siendo un pilar fundamental sin los cuáles esta historia no se estaría narrando, lo que pasa es que me hacía falta mi mamá.

Amo a mis padres como a nada en este mundo, y cada uno de ellos me ha enseñado a vivir la vida de una manera diferente.

Tener a mi mamá cerca es maravilloso, aunque me cueste un poco, ya que cada día aprendo a tener una comunicación más fuerte con ella. Admito que hay ocasiones que chocamos un poco, pero todo para dejarnos esa relación de madre e hijo; ambos tenemos caracteres muy explosivos, pero en ningún momento podemos estar separados. Soy profundamente familiar, tener cerca a mis padres (aunque estén separados) a mi hermana y cuñado, es una muestra de que nuestros pensamientos son energía y nuestras súplicas son escuchadas. Tener a mis padres cerquita me da la posibilidad de, como todo buen muchacho, molestarlos a los dos, ja, ja, ja.

Dios no solo me regaló su presencia constante aquí, sino que además le brindó un abanico de oportunidades importantes para que mi mamá se pudiera quedar, emprender, trabajar y tener estabilidad mental, familiar, emocional y laboral, aunque estoy muy seguro que a veces extraña a Venezuela, tanto como yo. Sé que el haberse quedado en EE. UU. fue unas de sus mejores decisiones en la vida. Mi mamá y yo somos como resortes: ella me impulsa a mí y yo la impulso a ella. Tenemos una relación que hemos venido trabajando desde hace mucho tiempo. Quiero regar nuestra relación hijo-madre como se riegan los árboles más fuertes, para que ninguna tempestad pueda siquiera romper sus ramas.

Any Castellanos, mi mamá, es la mujer que me trajo al mundo y estoy profundamente agradecido con ella por haberme enseñado no sólo con sus palabras sino con su ejemplo. Mi mamá tiene formas peculiares de enseñarme. Ella me dijo una vez: «Franklin, no necesitas ser una persona grande para hacer grandes cosas, sé de los pequeños que cambian las mentalidades de los grandes». Su sabiduría es práctica, y ella lo practica. Tener cerca de mí a mi mamá, me recuerda todo lo que viví junto a ella mientras crecía, y eso, es fundamental.

Debemos honrar nuestras raíces y de dónde venimos.

Debemos saber con qué quedarnos y qué desechar.

Y mi mamá me ayuda a hacer foco.

En el proceso de aceptarme para seguir, esa maleta de vivencias del hogar, de consejos, de ejemplo, es y será mi mamá, ella ha sido fundamental. Las herramientas que tuve que poner en práctica siendo tan solo un niño, cuando me tocó vivir lo que viví, no habría sido posible si dentro de mí no hubiesen estado las bases de mi hogar. Hoy en día, ver sonreír a mi mamá y darle mi apoyo, hace que mi vida tenga mucho más sentido del que ya tenía. Es algo impresionante. Ahora, cada vez que yo quiero, puedo tomar mi carro e ir hasta su casa y abrazarla, pedirle la bendición, y cuando ella me abraza y me sonríe mi vida se ilumina, y es más que suficiente.

Honrar a nuestros padres nos honra a nosotros también.

Hagámoslo.

Yo soy un alumno permanente en la escuela del hogar, y mi hermana Franny ha sido una maestra formidable para ayudar a entenderme a mí mismo, a mi mamá, y a cómo manejar mi relación con ella. Ser un ser con ganas de ser muchacho siempre será tema de conversación familiar, ja, ja, ja, y no soy solo yo… de eso estoy seguro.

Mi mamá es una de mis mejores amigas, aunque siempre primero será mi mamá. Sin mi mamá, yo no podría hacer mucho de lo que ya hago: pararme frente a miles de personas a hacer una conferencia o a tener el valor y dedicación de sentarme a escribir mi segundo libro. Ella es un motor y me transmite esa fuerza.

Mi mamá hace que mi vida tenga significado.

Mi mamá es un globo que siempre va hacia arriba y su ejemplo me impulsa.

Desde que decidió quedarse a vivir en los EE. UU., mi propia vida cambió para mejor. Ya era feliz, y con ella ahora soy super feliz, porque podemos compartir cada vez que se deba. Hemos logrado hacer una hermosa rutina de relación. Tenemos nuestros lugares, nuestras costumbres, nuestros secretos. Aprendiendo con ella he logrado amar lo que a ella le gusta, e igual ella conmigo. Ahora tenemos nuestro sitio favorito para comer o para ir a bailar, como madre e hijo.

Los planes de Dios siempre son perfectos, y cuando la vida me cambió y ella se quedó sola en Venezuela fue algo muy complicado de asimilar para los dos, había algo que no encajaba… solo el tiempo nos mostró que Dios tenía un camino escrito para toda nuestra familia.

Hace algunos días leí algo sobre los aviones que decía así: "Los aviones están diseñados para estar en el aire volando. Cuando están en tierra se deterioran con mayor rapidez", y eso me hizo clic de inmediato con mi vida. Cuando mi mamá está cerca de mí es como que, si ella y yo fuésemos un avión, porque volamos alto, muy alto. Cuando mi mamá me abraza, me hace un cariño o me dice que me ama, ese es un combustible más poderoso que la gasolina para el avión. Soy el hijo más feliz del mundo. Tener a mi mamá y a mi papá, y además a mi hermana, cerca de mí, es como tener un tanque de combustible siempre lleno. Ellos son mi gasolina del más alto octanaje, son mi impulso para todo y eso me ha hecho ser mejor persona. Yo hoy sé que daría lo que tengo y lo que no, por mi familia.

Quisiera cerrar este homenaje a mi mamá, haciendo un llamado a todos los hijos del mundo sin importar la edad que tengan:

Si tienes a tu mamá viva, ámala, respétala, hónrala, abrázala, mímala, quiérela... no esperes para cuando ya no sea posible hacerlo.

NO LE DES CABEZA A LO QUE TÚ CORAZÓN YA LE TIENE RESPUESTA.

RELACIÓN AMOROSA

Conociendo el amor y el desamor

Es mejor haber amado y perdido que jamás haber amado.

Alfred Tennyson

as personas que tenemos discapacidades desarrollamos otros sentidos de una manera increíble. Los que tienen discapacidad auditiva, por ejemplo, podrían desarrollar su visión. Los que tienen discapacidad de visión podrían desarrollar el oído o el olfato. En mi caso, mi cuerpo decidió que al perder mis manos y mis pies lo que desarrollaría serían mi corazón y mi mente.

¡Ajá!, sí ya me entendieron. Imaginen a la mente y al corazón desarrollados en un muchacho desde los catorce años. Eso solo puede ser explosivamente complicado, porque esa mente y ese corazón podían estar siempre como un pájaro picaflor.

Mi corazón es tan grande que muchas veces manda a callar a la mente. Mi corazón ama sin freno y sin pausa. Él ama amar, y eso, por supuesto, es maravilloso y dramático a la vez. Desde mis catorce años —la edad en la cual recuerdo haber tenido mi primer enamoramiento— hasta el día de hoy (cercano a mis veintiún años), he tenido amigas más que amigas y novias un poco más formales.

A los catorce años con cada enamoramiento, pensaba si el amor sería posible para mí, no porque yo no lo sintiera, sino por ver lo que significaba enamorarse a los muchachos y muchachas que me rodeaban. Para todos era importantísimo el aspecto físico, el estatus social, el dinero… y yo no contaba con ninguno de los tres. En mi cama, durante las noches, siempre me preguntaba si el sueño del amor iba a ser posible para mí, si iba a poder tener una novia con la cual podría más adelante casarme y formar una familia. Esos pensamientos me acompañaron por muchas noches a lo largo de mi adolescencia, esa adolescencia donde sentimos que todo es blanco o negro, es decir, que no hay grises.

Luego, paso a paso, fui entendiendo que la vida se trata más de los colores intermedios que de los colores extremos, y eso me ayudó mucho.

Y fue así como, luego de muchos enamoramientos donde no me atreví a preguntarle a las muchachas si querrían ser mi novia, por fin me atreví a hacerlo a una muchacha y ella me dijo que sí. Recuerdo que esa noche casi que no pude dormir de la emoción. Ya tenía una novia como el resto de mis amigos. Ese primer amor fue un amor bonito, y sencillo… duró lo que Dios creyó era lo necesario para aprender, pero sí que valió la pena.

Allí conocí también lo que se siente al romper una relación amorosa. Definitivamente las cosas mías son así, o aprendo todo de una vez, o no. Aquí aprendí de amor y desamor muy rápido, y, de la forma más cercana a la ingenuidad.

Ya ustedes se imaginan todo lo que sentí, porque seguro ya habrán pasado por esto una o varias veces. Para los adolescentes todo es extremo, pero también es simple, así que pasó y listo. Me preparé entonces para que mi corazón volviera a enamorarse y leí muchas cosas sobre el amor y el desamor, ya saben, supuestamente para saber más. Luego, tuve enamoramientos cortos, hasta que, en el año 2019, justo después de dictar una conferencia, la conocí a ella. Quedamos encantados mutuamente de solo vernos y lo que comenzó como una fuerte amistad pasó a ser un noviazgo. Ya yo era una persona mayor, por lo cual lo que llegué a sentir fue muy distinto a lo que sentí cuando tenía catorce años. Fue mucho más intenso y pude vivirlo también con más libertad. Este noviazgo duró mucho más que aquel primer amor, y pude entender cuán profundo podemos llegar a sentir.

En esta oportunidad escuché a mi hermana, a mi mamá y a mi papá con sus consejos familiares, porque yo soy de los que no se guardan nada y entrega todo. Esta relación duró seis meses, y al finalizar sentí como si se abría un hueco en mi corazón; literalmente. Fue una experiencia que tuve que aprender a vivir un día a la vez.

Allí entendí la importancia que tienen nuestros afectos cercanos para ayudarnos a superar un dolor de desamor. Hay que escucharlos y también poner en práctica lo que nos recomiendan.

Mi mamá me hizo énfasis en que tuviese siempre en cuenta que la mujer es lo más importante, y que debe ser tratada siempre como una reina, que debe ser respetada y amada. Mi hermana, Franny, continuamente me explicaba que amar es mucho más que el enamoramiento inicial, que se construye paso a paso. Mi papá se enfocó más en mí y en lo que sentía, me repetía que recordará cuán afortunado yo he sido, por lo que tuve que vivir y superar, que la persona que decida estar a mi lado, con amor, deberá hacerlo también desde el agradecimiento que yo siento por la vida. También me enseñó, con relación a la mujer que decida compartir su vida conmigo, que debo valorarla, darle la importancia que merece y hacerlo frecuentemente. Otras cosas que me recomendaron ellos fue que buscara información sobre lo que estaba viviendo, obedeciendo a sus recomendaciones, llegué a leer o escuchar sobre algunas investigaciones científicas donde lograron determinar algunas máximas que lograron atrapar mi atención y que me gustaría compartir con ustedes.

Afirma Helen Fisher (según María Rosa Verdejo del Huffington Post), antropóloga de la Universidad de Rutgers, Nueva Jersey) quien lleva dedicándose a la investigación del amor más de treinta años, y otros investigadores, que hay aspectos del comportamiento de los hombres y las mujeres en relación al amor y el desamor que son comprobables científicamente, a saber:

➢ El amor no es una emoción, sino un impulso, una necesidad fisiológica para el ser humano.

➢ El amor crea adicción, es como una **droga**, cuando se está enamorado la dopamina que se libera empieza a desplegar sus efectos.

➢ El **amor a primera vista** existe, sobre todo en los hombres, porque responden más a los estímulos visuales.

➢ Nos atraen las personas **guapas y misteriosas**. Esto se debe a que el misterio está asociado con la novedad y esta a su vez con la dopamina.

➢ Nos **obsesionamos** con la otra persona. "El alto nivel de norepinefrina produce euforia y pérdida del apetito mientras el bajo nivel de serotonina tiene que ver con la obsesión de estar con el amado".

➢ El **amor es ciego**. "La pasión inicial se caracteriza por la desactivación de regiones del cerebro como la corteza frontal, implicada en la lógica y el razonamiento", afirma otro científico (Morgado).

➢ Los **amores prohibidos** son los más queridos. La dopamina, la sustancia que se libera al enamorarse, también se asocia con la motivación y las conductas para alcanzar un objetivo concreto, por lo que, al prohibirse, la dopamina se activa más.

➢ La llama **se apaga**. El paso del tiempo hace que los receptores de dopamina empiecen a perder sensibilidad. En un periodo de tres años dejarán de responder al estímulo y desaparece esa sensación placentera de enamoramiento. Su sustituta es la oxitocina que está relacionada con la sensación de apego.

➢ No sabemos lo que tenemos **hasta que lo perdemos**. Según Helen Fisher cuando rompen con nosotros, experimentamos la llamada "atracción de la frustración". Esto significa que volvemos a sentir la pasión que genera la dopamina por conseguir una meta.

Lo que resumí aquí no tiene que ver directamente con mis vivencias, como he hecho con todas mis otras anécdotas, pero sí quise explorar un poco sobre este tema que tanto me apasiona, sobre el que aún no he vivido mucho, y sobre el cuál no podría ni por asomo intentar dar algún consejo o reflexión.

En relación al amor y al desamor solo podría decir que soy como un aprendiz lleno de expectativas.

Lo que podría asegurar hoy, el amor es la fuerza motora del universo, siempre me dejaré llevar por lo que diga mi corazón.

Como muchacho que se ha enamorado y ha experimentado todo lo que se vive al enamorarse, me gustaría creer que Dios me tiene preparado un amor inmenso para entrar en él de por vida, para poder construir el hogar que tanto anhelo tener. No estoy capacitado para dar consejos sobre el amor, pero sí creo firmemente que nacimos para amar y ser amados, y que no tengo miedo de entregarme por completo cuando llegue la persona indicada para mí.

Mientras llegue el amor, yo seguiré construyendo el camino para conquistar el propósito de mi vida.

Regalito adicional. Cuando terminé de escribir este minicapítulo me quedé pensando si sería buena idea compartir con ustedes unos textos que le escribí a mi última novia, en una de querer ser un poeta, ja, ja, ja. No sé si son poemas, pero lo que sí puedo asegurarles es que están hechos con amor. Espero los disfruten tanto como yo al escribirlos.

NOCHES DE INSOMNIO DE AMOR

Hoy es unas de esas noches donde por más que intento, no puedo dormir;

donde por más que trato, me cuesta descansar; solo cierro mis ojos y puedo recordar...

Esa sonrisa linda que tanto me hace delirar.

Tú... Sin saberlo.

Te adueñas de mi mente lentamente, luego tomas mi corazón, acelerando sus latidos a mil por minuto, haciendo que sienta mis sentimientos más vivos.

Me haces arriesgar hasta mi seguridad.

Y soy capaz de jugar todo por ti. Así sea bajo la luna, las estrellas, bajo toda mi vida si es necesario.

Lo eres todo, pensando que tal vez no llegues a ser nada.

Donde con tan solo imaginar esos ojitos hermosos llenos de luz, junto a esa mirada pura que me emociona, podría quedarme a vivir.

La sonrisa más linda.

Desde que te vi… y sonreíste, supe que mi corazón no iba a ser igual jamás.

Me diste una nueva razón para dar mis más sinceros sentimientos.

Eres mi nuevo despertar y solo deseo ver esos ojos brillar...

Junto a esa sonrisa que es mi fortaleza.

UN AMOR PARA CRECER

Tu manera de ser es mi debilidad,

tu sonrisa me hace ser agradecido con Dios,

tu voz me hace ser el hombre más feliz de este mundo,

tus ojos me hacen ver el reflejo de mi alma bailando con tu melodía,

tú piel me hace despertar en otra dimensión que jamás había conocido,

tus hermosas manos me hacen sentir mis latidos más profundos y tus labios logran

que mis ojos cierren continuamente para que pueda conectar con lo que llamamos VIDA!

Dedicado a una persona muy especial para mí…

BATEANDO

Siete años después

"El bateador debe agarrar el bate por donde lo pueda manejar mejor, este se sostiene fundamentalmente con los dedos, más bien con la parte profunda de las palmas de las manos, haciendo presión contra los dedos pulgares… La mayoría de los bateadores emplean un agarre corto modificado, colocando las manos entre 2,5 cm y 5 cm de distancia del extremo del bate; otros prefieren el agarre totalmente corto y sitúan las manos entre 7 y 12 cm de distancia del mango…" eso dice un artículo de https://www.ecured.cu donde además hablan de los pies, las piernas, entre otras cosas necesarias para batear.

Y yo vine a decirles que todo eso es verdad, pero que, sin dedos, sin manos y sin pies también lo es…

Unos meses después del evento que cambió mi vida para siempre, me desperté recordando cuando yo jugaba beisbol en mi amada Venezuela. Esa mañana, no sabría decir porqué, me vinieron a la memoria muchos recuerdos de mi paso por el deporte que más había amado hacer: jugar beisbol. Esa mañana los recuerdos se empeñaron en llegar a mi mente uno tras otro, sin orden y sin forma de detenerlos. Mi mente me estaba haciendo una jugarreta, porque mientras más recuerdos venían, más me preguntaba: "¿Será que podré volver a jugar algún día?", "¿Existirá alguna forma en que yo pueda volver a sentir la emoción de un batazo en mis manos?" ... y así seguí por muchas horas. No me enfoqué en cuestionarme, porque simplemente me decía: "Acepta tu bella vida, pero igual yo seguía pensando".

Esas horas se convirtieron en días y los días en semanas. El beisbol revoloteaba en mis pensamientos y mucho más en el país donde vivo que es donde nació el béisbol, los Estados Unidos de Norteamérica. Aquí el beisbol es como en mi país: es tradición, es cultura, es pasión.

Quizás, durante todo ese tiempo, lo que había estado haciendo era limitando mis posibilidades al hecho de ya no tener manos con qué agarrar un bate para batear una pelota. Batear siempre fue lo que más me gustó de jugar mientras estuve niño.

Desde que nací, y como todo buen venezolano, soy un apasionado de los deportes y un enamorado de este deporte. Amé el beisbol desde el día cuando tomé una pelota en mis manos y pude batear con mi bate rojo de plástico en el parque Los Caobos en Caracas, siendo tan solo un niño. En Venezuela jugué por un largo tiempo como campo corto del equipo Los Chipilines, además de jugar en otros equipos de ciudades como Caracas o Guatire.

Debo reconocer que jugar para equipos de niños era divertido, aunque realmente para mí jugar beisbol era también una forma de compartir en familia. Con mi papá y mi hermana jugaba cada vez que yo podía, y además ellos me llevaban a practicar a los centros de bateo para perfeccionar mi agarre del bate, mi posición al pararme para batear y aumentar la fuerza en los batazos. Mi sueño en aquellos años era ser un pelotero venezolano famoso, como el "Gato" Galarraga, Miguel Cabrera, Omar Vizquel, entre tantos extraordinarios peloteros de las Grandes Ligas en EE. UU, que he tenido el honor de conocer.

Retomando mis pensamientos sobre si podría o no batear nuevamente, debo decir que muchas veces analicé la posibilidad de hacerlo y me dediqué a revisar si había adaptaciones que pudieran adherirse a mis extremidades superiores, incluso busqué si había videos donde otras personas como yo estuviesen bateando.

Realmente no encontré lo que buscaba. Pero el pensamiento seguía allí. ¡*Guao*!, no podía dejar de pensar en ello…

Y así como dicen que los pensamientos son energía que emanamos al Universo o a Dios, un día se presentó la oportunidad, sin haberla planificado ni pensado.

Una mañana, uno de mis mejores amigos, Ryan Núñez, me escribió para preguntarme si yo quería acompañarlo a hacer ejercicios, porque él debía entrenar para un partido de béisbol que se aproximaba. Justo en ese momento llegó a mi mente algo que había estado imaginando y que no me había atrevido a ponerlo en acción: probar si podría batear una pelota de beisbol. Le comenté a Ryan la idea y a él le pareció fabulosa. Me dijo que sí, que me iba a ayudar a probar lo que se me había ocurrido.

Mi idea era combinar mi cuerpo y mis extremidades junto a unas vendas grandes con las que de alguna manera podría hacer una especie de agarre del bate. Busqué las vendas y me armé de mi mejor disposición. La esperanza junto a la audacia… solo quería sentir otra vez esa fuerza que recorre al bate al tocar una pelota y sacarla disparada hacia adelante.

Imaginarme bateando, ya era una bendición.

Nos fuimos a un parque donde siempre, al yo pasar frente a él, me quedaba viendo a los muchachos jugando ese deporte que tanto me apasionaba. Llegamos y comenzamos a calentar el cuerpo haciendo varios ejercicios, hasta que le dije:

—Ryan, necesito que me ayudes con la idea que tengo en mente para probar si yo puedo batear.

—Claro que sí, Franklin. Dime lo que necesitas y hagámoslo —respondió de manera inmediata y entusiasta.

Fue así como saqué las vendas de mi bolso y comenzamos a envolver mis brazos y a probar distintas formas de sujetar el bate a mis brazos vendados. Nos llevó algo de tiempo probar varias posiciones, debíamos saber también cuánto prensar las vendas, para que no me cortaran la circulación, como para que también me permitieran sujetar el bate con fuerza y no se cayera al batear la pelota. Ahora que lo reviso en mi memoria, creo que habría sido increíble que lo hubiese grabado, porque habría quedado como un tutorial de "Claro que se puede" ponerse el bate sin manos. Por fin, sentí que estaba todo a punto de dar swing: vendaje, agarre y posición del bate para practicar y poder pegarle a la pelota. Me sentía emocionado por lo que sentía en ese momento: una mezcla de ilusión con poder.

Nos fuimos hasta un lugar del campo donde podíamos practicar. Él iba a realizar los lanzamientos y yo iba a batearlos. Ryan se distanció de mí, se colocó en posición de lanzamiento, y me gritó:

—Ok, Franklin, muéstrame lo que tienes —y lanzó la primera pelota...

Ustedes no van a creerlo, hice un *swing* increíble a la pelota y le di un batazo a lo Miguel Cabrera... de *foul*... y Ryan con una carcajada me gritó:

—¡Cuidado y me la pegas a mí!

Describirles la energía que recorrió todo mi cuerpo al sentir que el bate había tocado la pelota, que yo había podido batearla a lo lejos, es imposible hacerlo. No tengo palabras para detallar la mezcla de emociones, sensaciones y pensamientos que se agolparon en mí en ese momento.

Me demostré a mí mismo que yo estaba más allá de mis manos, y más allá de mis pasos.

Esa adrenalina del poder hacerlo, me impulsó a grabar varios videos haciéndolo y practicamos durante varias horas, justo hasta que fui capaz de batear tan fuerte que casi saqué la pelota del campo. No solo había logrado agarrar el bate y batear con él, sino que además pude hacerlo con mucha fuerza. Así, como cuando jugaba en mi Venezuela.

En mi mente seguía dándole gracias a Dios por haberme enviado esa idea de las vendas y por haberme impulsado a hacerlo.

De ese entrenamiento terminé super agotado y sudado, pero con la satisfacción de haber logrado una meta que había aplazado por muchos muchos años. La película de mis pensamientos de duda durante los siete años anteriores iba pasando por mi mente, mientras me preparaba para seguir bateando pelota tras pelota que Ryan me lanzaba. Era como si cada pelota a la que hacía *swing* se llevaba un recuerdo de lo que creía no poder hacer.

Podría decir que con cada *swing* que hacía, sacaba pensamientos limitantes para dejar espacio a las oportunidades.

Haber hecho esto posible fue muy importante, porque además de ser un factor motivador para mí, se convirtió en un vector de inspiración para otros, y esto es parte de mi propósito de vida.

El mensaje que recibí al culminar esa práctica fue que cuando tenemos todo nuestro cuerpo completo damos todo por hecho, sin tomar conciencia de la vital importancia que tiene cada parte por separado, pero que al faltarnos alguna de estas —como en mi caso— se convierte en reflexión de lo que somos capaces de hacer cuando nos lo proponemos.

Esa mañana pude demostrar y demostrarme que un deporte para el que las manos y los pies son fundamentales también puede ser jugado sin ellos. Punto.

Esa mañana quería gritarle al mundo:
"Sin manos, si puedo batear".

Con esa experiencia hubo como un reajuste de ideas, de planes, de metas, porque al hacer lo que parecía imposible vinieron a mi mente de forma desordenada todas aquellas cosas que yo había ido almacenando en la categoría de imposibles. Bueno, todas ellas estaban corriendo para llegar de primeras a la meta del "ahora sí puedo".

Por supuesto que no puedo batear como una persona que tiene sus manos, pero tengo mi manera única, mi manera especial de hacerlo y de hacer *swing* tocando la pelota. Muero de ganas por volver a practicar, e incluso, he soñado con jugar en algún equipo que quiera ser pionero en romper esquemas y mostrar cómo podemos transformar vidas cuando nos proponemos el "ahora sí puedo".

Mi vida ha tenido contrincantes, pero todo eso me ha enseñado a valorar cada paso sobre este plano terrenal.

Estar sin manos y sin pies… ¡ES UN ESTILO DE VIDA!

¿Qué necesito para seguir conquistando desafíos?: una idea, una meta y las personas precisas que me apoyen… lo demás lo pondré yo. Quisiera cerrar esta anécdota con una sencilla pregunta para ti:

¿Quieres seguir cuestionándote o te vas a lanzar a conquistar tus sueños?

CADA LABERINTO TIENE SU SALIDA. POR MÁS DIFÍCIL QUE SEA SU RECORRIDO,
EL RECONOCERLO SIEMPRE TE VA A ORIENTAR PARA QUE CONSIGAS TU OBJETIVO.

BAILE DE GRADUACIÓN

¡Sí o sí!

"Hay atajos para la felicidad, y el baile es uno de ellos".

Vicki Baum.

*H*ay muchas películas que tocan el tema del destino, y que muestran cómo las cosas que están predestinadas a vivirse se van a vivir, aunque nosotros no queramos. Son películas que nos mueven siempre a reflexionar sobre las decisiones que tomamos, cómo estas decisiones pueden impactar nuestra vida y la de otros; entendiendo que las decisiones pueden ser incluso no tomar decisión alguna. Recuerda que no decidir también es una decisión.

Hago todo este trabalenguas, porque el año que culminé mis estudios de High School, que tenía mi propio baile de graduación, yo decidí no ir. Simplemente no me sentía motivado, y así como yo, muchos de mis amigos se sentían igual. Yo había decidido, y así lo hice, no ir a mi fiesta del baile de graduación. No lo veía importante en ese momento.

Me gradué, como ya lo relaté en una anécdota anterior, pero no asistí al baile y la verdad eso no me causó ninguna angustia. Es más, ni lo recordaba hasta que el año siguiente a mi graduación —año 2019— una persona muy especial me invitó para su fiesta de baile de graduación... mi decisión había cambiado. ¡Sí! acepté.

No me pregunten por qué, pero ese baile sí me entusiasmó muchísimo. Desde el día que me hicieron la invitación yo sentí que era como que si iba a ir a mi propio baile de graduación. Se convirtió en una inspiración para mí en muchas áreas de mi vida. Comencé a interesarme en el tipo de ropa y los colores que se usaban, también en los bailes y en toda la dinámica previa al evento, como, por ejemplo, qué accesorios se llevan qué se hace antes y después del baile. Yo quería ser el más elegante durante esa noche.

En mi casa, comencé a investigar cuál sería la mejor opción para mí y por supuesto el color que mejor me quedaba. Fui y me compré el traje, la camisa, los zapatos... estaba de verdad muy emocionado y entendí en ese momento que todo llega cuando tiene que llegar, encajaba perfectamente con eso que estaba viviendo. Ya que el año anterior, aunque había sido mi año de graduación no sentí que era el año de mi baile. Este año sí.

Como comprenderán, el traje tuve que llevarlo a arreglar con una modista —la señora Nancy, quien se ha encargado de arreglar toda mi ropa— porque había que hacer ajustes a las piernas y a las mangas para perfeccionarlo, para que me quedara como yo quería verme: como un galán de novela. Los arreglos del traje tardaron alrededor de un par de semanas. Todo quedó perfectamente ajustado y yo me sentía de verdad empoderado dentro de mi traje.

Mientras iba preparándome para el baile, algunos días me preguntaba si realmente esto sería algo importante para mí, y por qué debía vivirlo justo en ese momento. La verdad es que no tenía respuestas, pero sí seguía estando emocionado por vivirlo. Creo que ya esa emoción me estaba dando una primera lección: "Franklin, todo lo que vivas en tu vida debe apasionarte y hacerte sentir vivo. Si no es así, no te desgastes en ello".

El baile de graduación fue en abril del año 2019, y yo me estuve preparando con bastante anticipación. Casi faltando una semana para el baile, fuimos a comprar el *corsage* de rosas, tanto para mí como para mi bella acompañante, ya que esa es una de las tradiciones del baile.

Y llegó el día del baile de graduación de la escuela Bonneville High, y yo estaba como que si fuese justamente mi propio baile de graduación.

Definitivamente, ese era el día en que el destino, o Dios, había decidido que yo disfrutaría de esa experiencia. Me arreglé con mucho esmero y dedicación, me perfumé, cuando mi papá me vio me dijo: «Franklin pareces un muñequito de torta…». Todos reímos su ocurrencia, pero sabíamos que era verdad, y que yo estaba muy elegante y feliz.

Luego, fui a buscarla, así, como un príncipe buscando a su bella damisela. Ella estaba realmente hermosa, era una princesa. Yo le entregué su *corsage* de rosas, como un cuento de hadas, pero moderno, por lo que primero decidimos irnos a tomar una serie de fotos para conservar ese momento por el resto de nuestras vidas, y después nos fuimos al baile.

Fue una noche mágica. Me sentía como viviendo en una película de amor, esas donde las fiestas eran grandes y de gala. Ya en la fiesta, me dediqué a disfrutar. Sentía que la sonrisa no me cabía en la cara. Bailé hasta el cansancio.

A veces nos ocurren hechos tan importantes en nuestra vida que nacen de eventos que pudieran parecer cotidianos, y el mensaje que nos dejan es que debemos vivir con alegría y con plenitud todos los momentos que se nos presenten, no prejuzgar ni asumir, sino vivir intensamente lo que nos toque vivir.

Cada vivencia nos deja un aprendizaje.

Cada aprendizaje nos hace crecer.

Crecer nos hace avanzar.

Avanzar es vivir.

Ese baile de graduación, además de entregarme alegrías para mi inmenso baúl de recuerdos, me brindó la posibilidad de conocer personas que ahora forman parte importante de mi vida. Si no hubiese ido a ese baile, eso no habría sido posible.

En la vida no solo pierdes el tiempo, sino también la experiencia del evento que dejas de vivir.

Cuando terminó el baile de graduación entendí que todos los ciclos de nuestra vida deben tener un inicio y un cierre, y yo había dejado abierto el ciclo de mi High School. Con esta increíble fiesta del baile de graduación —un año después de mi propia graduación— sentí que cerraba una etapa importante de mi vida y me preparaba para otra. Cerré con inspiración.

¿Te has preguntado alguna vez si hay algún ciclo en tu vida que no ha sido cerrado?

¿Has sentido que hay etapas que no has terminado de superar?

Si es así, te invito a tomarte un tiempo de reflexión interior para que lo analices y te propongas a poner manos a la obra, e ir por esos cierres y aprendizajes que te permitan seguir creciendo, aprendiendo y avanzando.

Recuerda: el tiempo pasa y no se detiene.

GENERACIÓN Y, O MILÉNICOS

Propia edición y producción

En un mundo donde internet transforma la comunicación y la hace más inclusiva, nadie debería desaprovechar la oportunidad de compartir sus ideas.

Alejandra Cárcamo

Nací en el año 1999, por lo que pertenezco a la generación que decidieron llamar milenial o milénicos, y me siento identificado al 100 % con su descripción. La tecnología forma parte de mi vida. Nací con ella y me he ido desarrollando a su lado. Con mucha honestidad debo decir que no me explico el mundo sin la tecnología, y agradezco particularmente todos los avances que existen debido a ella, porque mis piernas actuales fueron posibles debido al desarrollo de la tecnología.

Ahora bien, además de esa tecnología, está la otra, la que nos acompaña a diario: teléfonos celulares, cámaras, computadoras, redes sociales y todo lo que se conoce como la nueva forma de comunicación social. Es difícil imaginar mi vida sin toda esa tecnología a mi alrededor, porque no es solo que la uso, sino que forma parte fundamental de mi vida, de mi proyecto personal e incluso de mi propósito.

Con la tecnología fue posible crear el maravilloso documental sobre mi libro *Más allá de mis manos*, ese mismo documental con el que ganamos cuatro Premios Emmy en una misma noche. Esa tecnología es la que ha permitido que pueda multiplicar mi mensaje de vida, de inspiración y de motivación a tantas personas, rompiendo fronteras de todo tipo.

Ser milénico, teniendo la tecnología como compañera permanente, me permitió trascender mi mensaje mucho más allá del libro y las conferencias: me permitió ir creando mi propio yo en las redes sociales, mostrando lo que soy, mi forma de ver la vida, mis pensamientos, mis ideas, mis locuras, mis momentos de aprendizajes.

Todo comenzó sin proponérmelo inicialmente. Después de publicar mi primer libro y dar las conferencias, paso a paso las personas comenzaron a seguirme en mis redes sociales, Instagram y Facebook. Me fui convirtiendo en un personaje público y empecé a crear contenido más allá de mis fotos y videos personales.

Cuando eso comenzó a ocurrir me di cuenta que el trabajo de generar contenido, y además, acompañarlo de fotos y videos de calidad, requiere no solo de las ganas sino también de un equipo de trabajo que te respalde, por supuesto de equipos de calidad para que todo sea como debe ser. Si algo me han enseñado en mi hogar es que debo retarme diariamente, teniendo en cuenta que todo lo que haga esté bien hecho, con calidad y con respeto por la audiencia que me lee y me ve. Me he dado cuenta que lo más importante es que esto no es de seguidores, sino de cada una de las vidas que puedo cambiar diariamente, con mucho empeño y sabiduría.

Al comenzar a generar contenido para mi audiencia, las primeras fotos y videos las hice con mi propio teléfono celular, logrando un trabajo que aprobaba, pero que no llegaba a lo que yo quería de exigencia. Esos primeros videos y fotos fueron de mi cotidianidad: manejando, cocinando, poniéndome mis prótesis… todo ese material hecho con la finalidad de inspirar y motivar a mis seguidores, con aspectos sencillos de su propia vida, que quizás vistos a través de mí, podían ser un mensaje de "si yo puedo, tú también puedes".

Por ello, ya saben que decidí ahorrar para comprarme mi primera laptop. Y un amigo (que conocí por cosas de la vida en el momento indicado, Wilmer Hurtado) instaló todos los programas para poder trabajar las fotos, editar videos, musicalizar, entre tantas otras cosas. De verdad que cada vez que uso los programas le agradezco a Wilmer por haber sido una gran guía en mi crecimiento tecnológico. Donde es fuente de aprendizaje con todo lo que sabe en su cuenta de @arrobageek en instagram.

Para mí fue casi como un juego, porque siento que la tecnología no es un añadido en mi vida, simplemente forma parte fundamental de ella. Los milénicos vivimos la tecnología como algo normal, natural, y por eso los programas para trabajar fueron más un pasatiempo apasionante que un proyecto de estudio. Por mucho tiempo, no tuve quien me grabara los videos, por lo que aprovechaba a todo aquel que estuviera cerca para que fuese el camarógrafo, unas veces mi papá, otras veces algún amigo. Lo cierto fue que yo producía las ideas en mi mente, y todos a mi alrededor me ayudaban cuando podían.

Una vez que incorporé la laptop y sus programas a mi proceso de creación de fotos y videos, comencé a hacerlos más elaborados: bailando, caminando, haciendo ejercicios. El progreso se iba reflejando en cada nueva producción. Yo hacía todo lo relacionado a: editar; componer; arreglar; cortar; pegar; dar brillo; quitar brillo; iluminar; agregar título y muchas otras cosas.

Le dediqué muchas horas a todo ese proceso, que me sirvieron para entender todo lo que hay detrás de un simple video de cincuenta y nueve segundos, horas que me mostraron que los profesionales merecen un reconocimiento, porque su trabajo queda detrás de las cámaras. Entender eso me hizo respetar aún más a todos esos incógnitos que están detrás de los famosos en cualquier área. Porque imagínense, si actuar o bailar es difícil, piensen lo complicado de poder tener magia en las manos y en la mente para lograr transmitir un mensaje claro en tan poco tiempo. Mis más sinceros respetos para todos.

Mi siguiente adquisición fue un trípode, lo que me brindó más libertad para moverme, y además le agregó más calidad a lo que seguía produciendo.

Ya éramos cuatro en mi equipo de producción: mi laptop, mi celular mi trípode y yo…
como los Tres Mosqueteros y D'Artagnan.

Como este proceso no se ha detenido, pudiera parecer que todo se ha dado rápido y fácil, pero eso no es así. Cuando reviso mis primeros trabajos ahora puedo detallar errores, fallas y hasta elementos que ahora no habría incorporado. ¿Cómo se llama eso?: crecimiento personal y profesional.

Ver eso es la confirmación de que no me he estancado, decidí ser un ejemplo con ejemplo, que lo que promuevo con mis palabras lo llevo a la práctica.

Cero tolerancias con seguir en el mismo escalón por mucho tiempo.

Mi propia producción y edición me dio bastantes conocimientos, que ya forman parte de mí. Por mucho tiempo yo seguí realizando todo el trabajo, hablando con la cámara, produciendo y editando.

Daddy Yankee

Un logro de gran altura de este período de los Tres Mosqueteros y yo, fue un video que grabé bailando una canción de un cantante que admiro profundamente, Daddy Yankee. Ese día estaba escuchando música, y de repente comenzó a sonar una de sus canciones, que para mí es una de mis favoritas, *Con Calma*. Al escucharla solo sentí ganas de bailar y esas ganas de bailar las conecté a la idea de grabarme bailando esa canción.

Me imaginé todo lo que quería hacer: el lugar; mi baile; mis Tres Mosqueteros y yo, pero necesitaba alguien que me ayudara a mover la cámara e incluso a orientarme en mi baile y conexión con la canción. Ese día me fui a la casa de mi querida amiga, Amanda Rojas, que tiene unas vistas increíbles, y le pregunté si me podía apoyar con el video. Ella me dijo que sí, y de una vez le conté mi idea. Me ayudó a realizar el enfoque de la cámara y también me dio consejos para los movimientos del baile.

Así arranqué a grabar el video y a disfrutar al máximo lo que iba haciendo. Luego me fui a mi casa e hice todo el proceso de edición y producción del video, y lo subí a mi red de Instagram esa misma noche. Me fui a dormir feliz de lo que había logrado hacer. No imaginaba lo que vendría después de eso.

Al despertar me conseguí con que el propio Daddy Yankee había hecho *repost* a mi video de Instagram, y de inmediato su red de más de 30 millones de seguidores tuvo acceso a la producción que había subido, entonces, ese video rompió el récord de vistas con más de 10 millones… un video que yo había grabado con tanto cariño y humildad.

Yo no salía de mi asombro. De la noche a la mañana, con la mano de Dios, ese video pasó de ser una idea de un momento a convertirme en un personaje reconocido, literalmente, de la noche a la mañana. Era increíble como The Big Boss, uno de mis cantantes favoritos, me había brindado una puerta inmensa para llegar a muchas más personas con mi mensaje inspirador.

Nacho

Un día quería grabar un video sobre una canción de Nacho y no tenía quien me ayudase con la cámara, ya que el video no lo quería fijo en un solo lugar. Ese video quería hacerlo bailando con una amiga bailarina —quien gracias al video de Daddy Yankee supo acerca de mí: Aliuska C.— deseaba utilizar tomas desde distintos ángulos. Para ello le tuve que pedir el favor a mi amigo Herman Arcay, con quien pude crear un video a la altura de mis expectativas. Ya no éramos suficientes mis equipos y yo. Tuvimos que pedir ayuda.

Grabamos el video y debo decir que lo disfruté muchísimo. Realmente eso es algo que quiero resaltar para todo aquel que me lee, el destino es el que baraja las cartas escucha o me ve: "Lo que hagas, hazlo porque te apasiona, porque vibras con eso, porque te hace brillar los ojos".

Lo grabamos, lo edité en mi *laptop*, hice la producción y lo subí a mi red de Instagram. Realmente me gustó mucho el resultado. Esa mezcla de crear la idea en mi mente, poder hacerla realidad y grabarla, para luego realizar todo el proceso profesional y publicarlo, es lo que me hace querer siempre ir un paso más allá, recorrer esa milla adicional que marca la diferencia.

Con este video sucedió lo mismo que con el de Daddy Yankee, porque Nacho —a quien admiro demasiado como artista y como venezolano— vio el video, le gustó y lo compartió en sus redes. En ese momento, todos sus seguidores, incluyendo sobre todo los de mi amada Venezuela, dieron "me gusta" al video, y muchos de ellos decidieron comenzar a seguirme también.

Cuando unes una idea, tu pasión y tu visión a lo que quieres, la gracia de Dios aparece. Se produce una magia inigualable.

Cuando todo esto ocurrió fue cuando comencé a entender que ya debía pasar al siguiente nivel, que ya no podía seguir solo con mis Tres Mosqueteros: mi celular, mi *laptop* y mi trípode. Había llegado el momento de crear un equipo de trabajo.

Ahora cuento con un equipo adicional de personas que se encargan de hacer lo que publico (edición y producción), así como lo tienen las personas recocidas. Son excelentes, logran plasmar mi esencia en cada trabajo. Claro, algunas veces lo que yo visiono no puedo explicarlo tal cual lo quiero, y termino haciendo yo los toques finales, porque, aunque el equipo es magistral, el toque personal con mi visión solo puedo darlo yo. Eso solo es posible porque aprendí desde cero a realizar todo el proceso.

Tener un equipo junto a mí es un acto de responsabilidad conmigo, y mucho más para con mis seguidores. Cuando vemos artistas que están muy activos en todas las redes y con material de calidad, como, por ejemplo, el gran actor Julián Gil, entiende que eso solo es posible porque no camina solo, sino acompañado de un equipo de alto rendimiento detrás de él, y eso es un compromiso con su audiencia.

Yo estoy casado con la excelencia, porque siempre apuntaré a ser mi mejor versión.

Hoy estoy profundamente agradecido con los resultados que sigo cosechando, y por la respuesta que he logrado obtener de mis seguidores, porque he logrado crecer como ser humano y como motivador, que es parte de mi propósito de vida. Crear material con contenido, que impacte, que llegue a tocar la fibra de quienes lo reciben, es un compromiso que adquirí pensando cumplir y mejorar día tras día.

Pensar en estos avances — en todo lo que he tenido que estudiar y probar— me hizo recordar la primera sesión fotográfica que me hice. Fue una idea que se me ocurrió y acordé un pago con unos de mis compañeros del colegio, Manuel Rodríguez, para que me tomara él las fotos. Decidí que la locación sería en TY Park, un parque cercano a mi casa. Recuerdo que me llevé mis prótesis de correr y como siete cambios de ropa.

En esa sesión no solo disfrutamos y creamos, sino que — además— ambos fuimos aplicando lo que sabía sobre fotografía, luz y color. También nos ocupamos de hacer que cada foto pudiera tener un significado, ya que sería parte del portafolio que estaría subiendo poco a poco a mis redes. Las fotos quedaron —como decimos los venezolanos— "brutales" … muy buenas, con propósito y con excelente calidad. Mi audiencia se las han "gozado".

En esa sesión me cambié muchas veces la ropa, estaba muy

sudado, pero sabía que eso iba a valer la pena… y así fue. Todo ese trabajo me dio como resultado una carpeta de fotografías que aún sigo publicando. Planificación y estrategia, dos herramientas fundamentales para el éxito.

Este intenso recorrido siendo el protagonista, el creador, el visionario, camarógrafo, editor y mucho más, me ha ido mostrando un camino que quizás me gustaría transitar más profesionalmente. No sé aún cuántas sorpresas adicionales me tendrá preparadas Dios, pero sé que esta ruta me está llevando a convertirme en la persona que deseo ser: preparado; paciente; entusiasta; visionario; comprometido y estudioso.

El recorrido me ha posicionado en una cuenta masiva de mis redes sociales, que además ha sido verificada por la plataforma Instagram. Ser un motivador y conferencista, que además ha logrado posicionar su mensaje más allá de sus presentaciones físicas en cada conferencia, me permite llevar mi experiencia de vida a otro rango, mi inspiración y mensaje para transformar motivando a todos aquellos que reciben mi mensaje.

Nunca imaginé que a los veinte años podía llegar a ser una referencia para tantas personas, mucho menos no tener fronteras físicas, porque como milénico, las redes sociales son parte de mi vida y eso me ha brindado la oportunidad de tocar mentes, almas y espíritus de una manera incuestionable.

La reflexión a la que llego después de este recorrido es que si queremos hacer algo en nuestra vida lo debemos hacer bien, nunca sabremos el alcance que podemos llegar a tener. Si vamos a cortar grama, que sea la grama mejor cortada. Si vamos a preparar café, que sea el café que todos regresen a tomar. En mi caso es construir un mensaje desde mis vivencias para mostrar que todo lo que crees en tu mente puedes lograrlo, entonces debo prepararme y ser el mejor en ello para poder hacerlo.

Nuestra vida debe estar casada con la excelencia, porque hacerlo nos regalará las más grandes satisfacciones. Te invito a ser tu mejor versión cada día. La frase que debemos repetirnos:

Hoy soy mejor que ayer, y mañana seré una versión mil veces mejor que la que hoy soy.

EL SILENCIO ES EL SONIDO MÁS INCREÍBLE, APRENDE A DISFRUTARLO.

AGRADECIMIENTO SIN FIN AL EQUIPO, SANTIAGO LAVAO Y JHOSEP ROJAS

El talento gana partidos,
pero el trabajo en equipo y la inteligencia
ganan campeonatos.

Michael Jordan

¿Qué nos dicen nuestros padres desde que estamos pequeños que debemos decir a otra persona cuando nos ayuda o nos da algo…? Nos dicen: "Hijo, da las gracias", y yo he sido muy buen hijo, por lo que no podía trabajar este libro sin dedicar un capítulo del mismo para dar las gracias a dos personas que Dios, la vida, el universo y el destino quisieron que coincidieran conmigo en este maravilloso camino al que llamo vida: Santiago Lavao y Jhosep Rojas. A ambos: ¡GRACIAS!

Ambos han dedicado muchas horas, dedicación, ideas, esfuerzos y acompañamiento a muchos de los proyectos que he decidido emprender, cada uno por su cuenta, e incluso en equipo, porque cuando nos rodeamos de gente excelente, la sinergia aparece y lo transforma todo.

Santiago Lavao

Comenzaré mi agradecimiento con Santiago Lavao. Santiago es uno de mis mejores amigos desde que comencé la escuela, y ya es parte de mi equipo, gracias a su habilidad para las ideas, la fotografía, los videos audiovisuales. Hemos recorrido mucho juntos. Me ha acompañado a varias de mis conferencias. Es un pilar fundamental en la creación de contenido profesional y de mensajes poderosos para mis redes sociales.

Santiago, más que un asesor, es un amigo a quien le pido consejos y orientación en muchos aspectos de mi vida, sobre todo, en su visión de hacia dónde cree él que debemos ir y por qué. Él ha sido clave en todo el proceso de fortalecimiento de mi mensaje a través de las redes —recuerden que soy milénico— también en visionar la importancia de los videos de las conferencias. Hemos desarrollado una relación de amistad basada en la camaradería y el respeto, que nos ha llevado a ser más que amigos, como hermanos. Santiago me ayuda a ver más allá de mi propia visión. Me impulsa a comprometerme conmigo y a generar más proyectos para mi vida. Es un motor y me hace ir a mil revoluciones por minuto.

Recuerdo perfectamente cuando juntos iniciamos nuestro

recorrido con mi proyecto de vida, que él se iba a dedicar a toda esta parte de fotografía y videos, y sus equipos eran por demás sencillos y básicos, pero su dedicación, entrega y profesionalismo compensaban con creces que los equipos no fuesen profesionales.

Santiago siempre me decía para que hiciéramos cosas distintas e insistía en que yo debía ir creando mi marca personal. Fue así como llegamos a hacer nuestro primer video, *Pasos Firmes*. Desde ese momento me dije: "¡*Guao*!, Franklin, todo esto que estamos haciendo tienes que aprovecharlo al máximo" y así lo hice. De *Pasos Firmes* pasamos a *Caminos Rocosos*, y allí comencé a vislumbrar lo que Santiago me decía acerca del uso de contenido de valor, ese que da en el punto indicado.

Con Santiago logré entender que podemos trabajar intensamente, pero que eso no significa que no se disfruta. Lo que te apasiona hace que no trabajes. Hemos hecho muchos otros videos como por ejemplo manejando, o preparando comida en restaurantes…, y cada uno con un fin específico. Hemos ido perfeccionando más el trabajo para entregar más calidad a mis seguidores. Eso nos ha llevado a conocer a otras personas que han agregado valor a todo este proceso.

Cuando reviso hacia atrás lo que hemos venido construyendo, entiendo que hemos crecido juntos, que él mismo ha desarrollado una carrera desde cero, con mucha dedicación, que ese crecimiento de él es el mío también. Nuestro trabajo, juntos y separados, en equipo, nos ha abierto puertas. Santiago es de esas personas que pueden comerse el mundo y regresarlo mucho mejor. Él tiene una habilidad especial al escuchar mis ideas y lograr transformarlas en algo real y tangible.

Al momento de escribir este libro, no solo yo he crecido increíblemente, sino también Santiago, quien ahora es un profesional. Comenzamos trabajando "con las uñas" —como decimos en Venezuela— y ahora tenemos todas las herramientas y equipos de primera que se necesitan. Comenzamos gateando en este mundo digital, y ahora corremos el maratón digital bien entrenados. Hacer el proceso paso a paso nos hace valorar el aprendizaje y el crecimiento de una forma increíble.

Santiago ve dentro de mí mucho más de lo que yo soy capaz de ver que puedo dar.
Santiago es esa chispa que no se agota.
Santiago es motivación para dar lo mejor de mí a mis seguidores.

Jhosep Rojas

Jhosep llegó mucho tiempo antes a este recorrido en mi vida. Es como ese hermano mayor con el que soñamos cuando somos niños. Él logra ver a través de mí, incluso percibe cómo me siento a través de una llamada telefónica o una nota de voz. Jhosep es familia. Sí, esa familia que nos regala la vida, pero también es un baluarte para mi parte profesional.

Sin Jhosep, este libro que hoy estás leyendo no habría sido posible, porque él no sólo se ocupó de motivarme a mí, sino que se ocupó de buscar en quienes depositar nuestra confianza para mis tutorías personalizadas para escribirlo.

Otra área donde él es primordial ha sido en la relativa a mis conferencias, porque no solo asistía, sino que le dedicaba tiempo y espacio a evaluarme, para luego indicarme qué cosas debía modificar, cambiar, quitar, agregar o transformar.

Jhosep insiste en decirme: «Siempre podemos hacerlo mejor».

Algo que me gusta muchísimo de Jhosep es que donde yo veo un problema, él solo ve oportunidades, y siempre me las muestra.

Si Jhosep me dice que puedo seguir adelante, voy seguro de mí mismo, dando pasos firmes.

Soy bendecido de tenerlo en mi equipo, y agradezco profundamente a Dios por haberlo puesto en mi camino. Yo sé que esto es tan solo el principio de lo que viene para mí. Jhosep me ha representado —como mi mánager– en varios eventos, y eso ha significado una gran diferencia con quienes me rodean, porque su madurez y experiencia hacen que mi interrelación con mi audiencia sea más efectiva y con resultados. Este proceso de tenerlo como mi mánager también ha ido haciendo un trabajo hacia mi interior, me ha obligado a formarme más, a tener mucha más responsabilidad con mi mensaje, entendiendo que a medida que avanzo debo ser más sabio, con seguridad en los pasos que doy, a pesar de mi corta edad. Por eso este libro se titula "Más allá de mis pasos".

Jhosep me ha enseñado la importancia de respetarme a mí, respetar mi mensaje y lo que este puede hacer en la vida de todos aquellos que me escuchan. Al hacerlo me ha ganado el respeto de mi audiencia. ¿Cómo no agradecería yo tanto?

Hemos puesto en marcha también valiosas ideas, como una de un video documental que grabamos para la Nike, que lo hicimos para solicitar más adelante patrocinio de la grandiosa marca. Hacer ese video de solo un minuto, y luego lograr conectar con las personas dentro de la organización, fue para nosotros increíble. Yo sueño con ser imagen de Nike, y Jhosep se enfocó en que me ocupara en hacer ese sueño una realidad. Aún no lo soy, pero seguro que estoy un paso más cerca de serlo, ya que al hacer el video estaba pasando del sueño a la acción. Además, puedo decir que si alguien representa esta frase de la marca –Solo hazlo—, soy yo. Yo soy la imagen perfecta para ese eslogan.

Estoy tan contento de imaginar todo lo bonito y grandioso que vendrá, que solamente me gustaría cerrar los ojos, y después de diez segundos verlo convertido en una realidad.

Gracias, Jhosep, por ver más allá de mis sueños.

Gracias por impulsarme a ser mejor.

Yo sé que este equipo va a seguir creciendo, pero no podía escribir este libro sin hacer un reconocimiento a cada uno de ellos, que además de estar hoy junto a mí en cada idea, proyecto o visión que tengo, me recuerdan de dónde vengo, son un cable a tierra y son la mirada en las estrellas.

¡Gracias Santi!

¡Gracias Jhosep!

Sin ustedes no hubiese podido lograr mucho de lo que he hecho. Ustedes han hecho de este proceso algo perfecto. Que Dios los bendiga y les dé muchísima salud y bendiciones. Sé que esto también lo habría podido hacer solo, pero acompañado de ustedes ha sido lo mejor; me han hecho la vida más sencilla.

Ustedes son el equipo perfecto.

Esto lo estoy escribiendo a tan solo diez días de cumplir mis veintiún años y, puedo asegurarles que si no hubiese ocurrido lo que me pasó hace nueve años —perder mis extremidades— ustedes no formarían parte de mi increíble vida… lo que hoy la haría menos maravillosa.

¡Gracias por ser, estar y existir en mi vida!

TOP RESPONSABLE

Verificado en Instagram

No persigas a la gente. Sé tú mismo, haz lo tuyo y trabaja duro.

Will Smith

La frase con la que inicio esta anécdota está muy relacionada con lo que quiero compartir con ustedes, porque se trata de mi verificación de cuenta en Instagram, y lo que ello significó para mí, pero más aún, lo que significó respecto a mi compromiso con mi audiencia y con mi visión de vida.

Cuando yo veía las cuentas de artistas, cantantes, deportistas, y otros tantos influyentes en las redes sociales, siempre me quedaba pensando si algún día yo iba a poder lograr tener esa gran cantidad de seguidores —cuentas con medio millón o más de un millón— además, que la cuenta pudiese ser verificada por la plataforma. La verdad es que no solo me parecía difícil… me parecía imposible, ya que mi cuenta no tenía gran cantidad de seguidores ni era masiva en interacciones. Por otra parte, escuchaba que en las redes las personas decían que para ser "verificado" debías, contar con muchos seguidores, tener mucho contenido profesional. Claro que, de alguna forma, yo era una persona con cierto grado de influencia, porque me había ido dando a conocer a través de mi libro y mis conferencias.

De todas maneras, siempre ha existido dentro de mi esa vocecita que me dice: "Tú eres especial para hacer las cosas de manera distinta", y esta no fue la excepción.

Ahora bien, ¿qué significa que nuestra cuenta sea verificada por la plataforma de Instagram? Si hacemos una similitud con el mundo del cine, eso sería como que nos ganáramos un premio Oscar de la Academia, pero en redes sociales. Significa que la plataforma confirma que eres una persona real y auténtica, que tu cuenta es trabajada responsablemente, que creas contenido, que generas interacción, que creces de manera orgánica —no compras seguidores— y que tu mensaje pasa a ser el de un personaje público.

Podría decirte que puedes analizar el nivel de importancia de la verificación, cuando ves cuántas cuentas de usuarios en Instagram existen justo al día de hoy (para mediados del año 2020 se estimaban en cerca de 1 000 000 000 de cuentas), aunque no existe un número preciso de cuentas verificadas, con solo meterte en tu cuenta y revisar los perfiles, podrás comprobar que el porcentaje donde se ha hecho es muy bajo.

Justo hoy, 1° de julio de 2020, cuando estoy escribiendo esta anécdota del libro, tengo 51.000 seguidores en mi cuenta de Instagram (un número casi insignificante dentro de ese océano), que esta plataforma analizó, confirmando que tengo impacto en un sector, lo que significa que, si al menos el 10 % de ellos lee mis mensajes, estaría impactando 5100 vidas… se escribe fácil, pero definitivamente es una gran responsabilidad, y mucho mayor cuando los creadores de la plataforma te colocan el sello de verificación, comienzas a ser lo que se conoce como un influyente (*influencer*).

¿Por qué cuentas con 2.000.000 de seguidores no están verificadas, y una como la mía, de 51.000, sí? …, quizás sea por aquello de "no importa la cantidad sino la calidad", y yo me he preocupado y ocupado en hacer de mis contenidos un material con propósito.

Mi cuenta en Instagram, más que ser una red social, es una familia que me escogió como su familia, todos sabemos que la familia que se escoge, se quiere y se protege. Por eso me emociona tanto saber que cada uno de los miembros se siente identificado con mi mensaje. Entonces, tener esa gran familia, y además que la casa que nos reúne les diga que pueden creer en mí porque ellos además avalan lo que hago, es un regalo maravilloso.

Tras la verificación de mi cuenta en Instagram lo he tomado con calma, claro está, luego de haberlo celebrado con una gran emoción.

Recuerdo que la noche antes de que verificaran la cuenta yo me estaba quedando en la casa de unos amigos. Era un sábado, 16 de noviembre. Estuvimos hasta muy tarde conversando y escuchando música, realmente la pasamos muy bien. Luego nos fuimos a dormir. Por lo general soy noctámbulo, me acuesto muy muy tarde, por lo que me despierto también muy tarde, pero ese día me desperté temprano, y como todo milénico, agarré mi celular y me puse a revisar. Bueno, cuando entré a mi cuenta de Instagram y vi el mensaje de Instagram en las notificaciones, directamente de su equipo, no me lo creía, luego vi el "Visto bueno, color azul" al lado de mi cuenta.

Me vestí y salí corriendo a despertar a todos en la casa. Estaban profundamente dormidos, porque se habían recién acostado, pero mi emoción no podía esperar y los desperté, al final seguimos celebrando por otro día más. También llamé a mis padres y amigos...

Esa mañana sentí que ser verificado por una plataforma en redes sociales es como superar un examen de suficiencia.

Debo reconocer que por mucho tiempo me pareció que sería imposible que mi cuenta fuera verificada. Y allí estaba: cuenta verificada sin yo haberlo solicitado.

A veces somos así, por momentos llegamos a creer que lo imposible no será posible... hasta que se logra, esto aplica para todo: los estudios; el trabajo; los emprendimientos y los deportes, entre tantas otras cosas.

Hay que soñar y soñar en grande.

Por un tiempo, como cualquier muchacho de esta época, me preocupaba el número de seguidores y ganar más cada día. Luego comencé a preguntarle a amigos cercanos que tenían cuentas verificadas (Funky Matas y Carolina Sandoval) qué era lo que habían hecho para que se las verificaran y ellos me respondieron casi lo mismo: "Franklin, mantente auténtico, con material de calidad, con crecimiento orgánico", y eso fue lo que hice. Ese ha sido mi norte siempre.

Claro que después vinieron la publicación de mi libro *Más allá de mis manos*, el ganar los cuatro Emmys y las entrevistas en varios medios reconocidos, como CNN, también otros que recuerdo que me proyectaron muchísimo fueron dos programas: *Un nuevo día* de Telemundo y *Despierta América de Univisión,* porque son programas que se ven en todo el mundo.

Ciertamente, yo no había hecho nada directamente en Instagram para ser verificado. Lo que hice fue hacer lo que siempre ha sido mi propósito: prepararme; ser auténtico; trabajar paso a paso; no abandonar; crear; generar contenido; creer en mí; apostar por mis ideas y seguir sin importar cuál sea el reto. Entonces, si lo vemos de esa forma, sí trabajé para tener la verificación, solo que no lo hice para lograrlo, sino para brindar a mis seguidores mi esencia de vida, y eso fue lo que premiaron los de Instagram.

Si yo hiciera una comparación, el recorrido que hice fue como el del juego de la bola de nieve: comencé con una bolita que cabía en mis muñones, y paso a paso la fui arrastrando por el piso, y ella se fue alimentando más y más de nieve hasta convertirse en una gigantesca bola de poder, en este caso de gente unida por un factor común: la esperanza de creer que todo lo que queremos es posible lograrlo, es decir, mi mensaje de vida.

Cuando me preguntan cómo lo logré, les respondo que fue por ser: paciente, paciente y más paciente; auténtico; sin fingir; con constancia (como la de la gota de agua que abre camino en la roca); con dedicación; con alegría y siendo coherente entre lo que pienso, lo que digo, lo que hago y sobre todo, lo más importante: la bendición de Dios.

¿Qué me ha brindado la verificación? Me ha brindado un nivel superior en cuanto a confiabilidad de mi mensaje y estatus en las demás redes sociales. Cuando nosotros observamos cuentas con 500 000 seguidores, o incluso de 2 000 000 seguidores, sin estar verificadas, es cuando se comprende el nivel de responsabilidad que tiene mi cuenta y seriedad de lo que estoy movilizando con mi mensaje de vida.

La clave: creer en ti mismo, tener amor propio, porque es la única forma en que otros pueden hacerlo también.

Haber sido verificado en mi cuenta de Instagram no me hace una persona distinta a la que he sido siempre, pero sí me abre muchas más puertas y oportunidades, porque la propia plataforma te da como un respaldo, que vendría a ser como el diploma que te dan al finalizar un curso. Es como pasar de jugar béisbol en la serie AAA a pasar a las Grandes Ligas. Debe ser como lo que siente ese pelotero cuando es firmado por un equipo superior. Es comenzar desde abajo y llegar a la cima por esfuerzo propio.

Mi vida ha sido una serie de acontecimientos —algunas veces no deseados— que me han llevado a vivir intensamente este destino que Dios me regaló por vida y, si existe una ventana a través de la cual yo pueda llevar mi mensaje, estaré agradecido por ello.

Los más importante que he entendido es que esto no se trata de solo un número de seguidores, o ser reconocido en una aplicación con mucha credibilidad, son vidas las que tengo a tan solo un clic de mi teléfono, tengo que ser muy cuidadoso con cada foto, cada video, cada consejo, esto ya no es un juego… esto ya es mi mensaje que impactará a muchísimas vidas.

ACEPTAR QUE NO PODÍA COMENZAR LA UNIVERSIDAD

Enfoque

Creo que cada ser humano tiene el potencial de cambiar, de transformar la propia actitud, sin importar cuán difícil sea la situación.

Dalai Lama

En Venezuela tenemos un refrán que dice más o menos así: "Si es para ti, ni que te quites y, si no es, ni que te pongas". Esto quiere decir que hay eventos en nuestra vida que van a ocurrirnos sí o sí, y otros que, ni que insistamos, van a ser posibles… no al menos en el momento que lo decidimos.

Esto fue exactamente lo que me ocurrió con mi entrada a la universidad. Cuando regreso en mi memoria, al año 2018, cuando me gradué con honores de mi High School, recuerdo que me frustré mucho al entender que, por múltiples motivos, no iba a poder ingresar a la universidad. Esa frustración me generó sentimiento, sí, acepto que también algo de rabia, porque soy humano.

Ahora bien, si hay algo que nos hace crecer, aprender y entender es asumir las responsabilidades en los eventos que nos ocurren. En relación con mis ganas de entrar a la universidad, intervinieron varias cosas que estuvieron lejos de mi alcance para solucionarlas, otras ocurrieron por falta de información o por falta de apoyo, e incluso por estar algo distraído respecto a los trámites que debía haber hecho con anticipación.

Yo, en mi sueño de buen estudiante, creía que me iban a llover las ofertas de becas universitarias o de financiamiento, debo reconocer que no hice ningún tipo de investigación para saber si yo tenía que hacer algo para que eso ocurriera. El resultado fue demoledor. Ninguna universidad se fijó en mí, y yo no hice nada para que ellas lo hicieran.

Por otro lado, cuando entendí que la única forma en que podría entrar a la universidad sería buscando un crédito estudiantil para pagarlo a largo plazo, me enteré que mi estatus migratorio no me lo permitía. Una frustración más para sumar a mis emociones.

Ahora bien, es cierto que, en simultáneo, mi vida iba por otros caminos interesantes que quizás no habrían sido posible ser transitados, si hubiese entrado de una vez a la universidad, tales como: mi primer libro; el documental con el que gane cuatro Emmys; mis conferencias por el país; las entrevistas y documentales para televisión; mis videos para redes sociales e incluso la dedicación para convertirme en un referente.

Y aquí vengo con una frase importante que me regaló mi abuela Olga, que me he repetido siempre constantemente: "Los tiempos de Dios son perfectos", sabiendo lo que se aproximaba en los próximos años.

Este cúmulo de experiencias que he vivido y he agregado a mi vida, serán entonces una base sólida muy distinta a comenzar una universidad saliendo desde el High School. Llegar a la universidad será no solo con dos años más de vida, sino también con una visión distinta debido a las vivencias que he podido incorporar.

Además, para mi felicidad, también recibí el cambio de mi estatus migratorio y ahora ya soy residente de los EE. UU., lo que me permitirá tramitar a nivel financiero un préstamo estudiantil. ¿Qué quiere decir esto?, que todo se estaba conectando para llegar justo cuando debía ser posible para mí.

Ahora tengo una mentora que está guiando todo el proceso

para analizar las distintas carreras y universidades, los planes de estudio, los costos, y —sumamente importante— cómo tramitar el proceso de aceptación mediante la universidad y mi persona. Debo darle las gracias a la señora Lisbeth Valero y a todo su equipo de Inter World Coaching por ser mi guía en ese camino.

Actualmente la meta es iniciar en la universidad en el mes de enero de 2021, en mi tercer libro les narraré, entonces, sobre mi vida en la universidad. Denlo por hecho.

Estos dos años, previos a la universidad, me han servido para:

Crecer como persona, como ser humano;

Nutrirme de experiencias y

Ser autodidacta leyendo.

Estos dos años, previos al ingreso a la universidad,

he invertido para la vida.

ÉXITO ES ENCONTRARLE SIGNIFICADO A LO MÁS SIMPLE.

RETO: CREAR HÁBITOS

Cambiando mi estilo de vida

Nunca cambiarás tu vida hasta que cambies algo que haces a diario.
El secreto de su éxito se encuentra en tu rutina diaria.

John C. Maxwell

«Franklin, cepíllate los dientes»; «Franklin, recoge tu cuarto»; «Franklin, tiende tu cama»; «Franklin, haz tus deberes»; «Franklin, ponte tus prótesis» … y así sucesivamente fueron creando muchos de los hábitos que hoy forman parte de mi vida. Los hábitos son todo aquello que hacemos sin tener que pensar, y eso es posible —como me explicó un maestro en el colegio— porque llevamos la acción con conciencia, es decir, no tenemos que pensar para hacerlo. Igual sucede con el manejar una bicicleta, una moto o un carro. Una vez que aprendemos, la información pasa a nuestra conciencia y lo hacemos en modo automático, sin pensarlo.

Ahora bien, ¿qué ocurre con nuestra forma de alimentarnos?... ocurre que —inicialmente— somos el reflejo de la alimentación que tenemos en nuestro hogar, pero después —cuando crecemos, ya somos conscientes de la importancia de lo que hacemos— decidimos comer solo lo que nos provoca y nos gusta; esto no es necesariamente lo mejor para nuestra salud. Sí, así mismo es, aun sabiendo que si todo lo que nos gusta es la comida chatarra, las frituras, los dulces y las chucherías, el resultado en nuestro cuerpo, a mediano o largo plazo, serian la obesidad y las enfermedades.

En mi caso, como todo buen muchacho, por muchos años fui un amante de los dulces y las sodas de muchos sabores. También amaba comer frituras y harinas, me sentía invencible y que nada de eso podía afectarme, pero me equivoqué. Por ingerir alimentos de forma tan desordenada, me generé una gastritis que tuvieron que tratarme médicamente.

El sobrepeso es un tema muy delicado para la salud de cualquier persona, pero en mi caso, era más delicado porque yo debo estar sobre dos prótesis que soportan el peso de mi cuerpo. Por supuesto que el cuerpo humano se va acostumbrando paso a paso a los cambios, por lo que también me fui acostumbrando a soportar el sobrepeso sobre mis prótesis, pero un día me levanté y me paré frente al espejo y me dije: "Franklin, ¿qué le hiciste a tu cuerpo? ¿Vas a seguir así?" … De inmediato tomé una decisión que transformó mi vida para siempre:

Decidí aprender a alimentarme, en vez de solo comer.

Decidí hacerme responsable de mi cuerpo, así como lo hice con mi mente.

Comencé tomando pequeñas decisiones en cuanto a mi alimentación. Al principio sólo decidí eliminar el consumo de las sodas y sustituirlas por jugos de frutas naturales, además reduje considerablemente comer azúcar, y chucherías de cualquier tipo. Luego, comencé a buscar información de cómo incorporar buenos hábitos alimenticios a mi vida. Eso me tomó un poco más de tiempo: leer artículos, ver videos de YouTube, seguir a influyentes (*influencers*) del área de salud y alimentación, e ir incorporando las orientaciones y recomendaciones que pensaba podrían ir haciendo una diferencia.

Una de las cosas que más me impactó fue la importancia de tomar agua durante todo el día y entender que no solo se debe tomar agua cuando se tiene sed, sino que hay que hacerlo sin sentirlo. Significa tomar agua cada vez que podamos, porque muchas veces creemos que tenemos hambre y buscamos comer más de lo que necesitamos, y lo que realmente el cuerpo nos está pidiendo es agua. Yo convertí la toma frecuente y abundante de agua en un hábito de mi vida, y realmente ayuda mucho a desinflamar, desintoxicar e hidratar el cuerpo. El agua es vida.

Lo otro importante es el apoyo familiar. En mi caso, mi papá fue un pilar fundamental en este cambio de vida que estaba construyendo. El comenzó a preparar comidas saludables, a comprar muchos vegetales y frutas para comerlas solas o en jugos. La comida sana comenzó a mover a toda mi familia.

Todos comenzamos a comprender que nuestro cuerpo es el vehículo de nuestra alma y espíritu en esta vida, y que este puede ir suave y bien cuidado o todo chocado y destartalado hasta donde le toque llegar.

En realidad, comer mal o mucha azúcar es una sensación de agrado se debe a unas sustancias químicas que se generan en nuestro propio cerebro, y que nos producen esa sensación placentera al ingerir esos productos. Por eso es tan difícil abandonar los malos hábitos con la comida, porque tenemos que comenzar a crear nuestros nuevos vínculos de felicidad con lo que comemos, para que nuestra propia mente no nos sabotee el proceso. Y ¿cómo vamos a hacer esto?, lo vamos a empezar a hacer cuando comencemos a ver los resultados a nivel físico, como por ejemplo, vernos en el espejo y observar lo bien que nos vamos viendo o cuando no nos cansamos tanto al caminar, al hacer ejercicio o cuando podemos dormir mejor. Entonces, podremos comenzar a unir esas alegrías a nuestra nueva forma de comer y así nuestra mente se sentirá nuevamente feliz.

Hasta la fecha he logrado bajar unas libras respecto a mi peso inicial, me ha servido para fortalecer mi mensaje de vida, porque la única forma en que puedo ser un ejemplo para otros es siéndolo para mí mismo. Muchas veces me gustaría comerme una galleta en vez de un pedazo de fruta, pero justo allí es donde entra algo que yo he tenido que desarrollar a lo largo de este proceso personal: mi fuerza de voluntad, y es ella quien me toma de su mano y me hace permanecer en mi camino.

Cuando comencé a trabajar mis nuevos hábitos había una serie de preguntas que me hacía a diario y que quisiera plantearte hoy a ti:

- ¿En verdad estás cuidando tu cuerpo para llegar sano a los próximos diez o veinte años?
- ¿Te quieres realmente?
- Cuando te vez al espejo, ¿te gusta cómo te ves?
- ¿Cuándo fue la última vez que comiste sano, cuando comiste frutas, verduras o vegetales?

Allá afuera hay un mundo hermoso, nutritivo y sabroso. Lo que debemos es tener la voluntad de querer conocerlo e incorporarlo a nuestra propia vida. Estamos muy confundidos creyendo que la satisfacción inmediata nos va a brindar felicidad, cuando llevamos eso al tema de nuestra alimentación y salud, los resultados son negativos. La comida mala nos da satisfacción rápida (deseo cumplido), pero nos va haciendo daño lentamente.

¿Hasta cuándo tus deseos van a manejar tus decisiones?

Ama y cuida a tu cuerpo, es el único que tienes…

y el único que tendrás.

UN AÑO NUEVO PARA LA HISTORIA

El poder de la fe

La fe es creer en cosas que no vemos,
y la recompensa de esta fe es ver lo que creemos.

Anónimo

10, 9, 8, 7, 6, 5, 4, 3, 2, 1… ¡Feliz año 2020!, gritamos todos, y comenzamos a abrazarnos. No podía creerlo. Allí estaba yo, veinte años después de haber nacido y por primera vez con mi mamá y mi papá en el mismo lugar, al mismo tiempo recibiendo un año nuevo juntos. No puedo recordar desde que edad le pedía a Dios ese regalo, pero sé que era un sueño no realizado con el que soñaba cada mes de diciembre.

Ya ustedes saben que mis padres están separados desde que yo nací, por lo que, a lo largo de toda mi vida, mi Navidad y Año Nuevo era rotativa, para pasarlo con uno o con el otro, pero no con ambos a la vez en el mismo lugar, aunque siempre fui feliz y la pasaba bien donde estuviera, como todo niño que es profundamente amado, sentía que tener a mis padres junto a mi recibiendo un nuevo año sería un sueño que merecía vivir. Increíble que eso haya ocurrido en el país que me abrió las puertas al volver a nacer: EE. UU., y no en mi país de nacimiento, Venezuela.

En diciembre de 2019 mi bella hermana, Franny, tuvo la idea de que recibiéramos el año 2020 celebrando en familia en su bendecida casa. Esa idea fue fantástica, porque podríamos reunirnos todos por primera vez en una fecha tan especial. Los preparativos fueron ya una bendición, que mostraba lo hermoso que es tener familia y, además, sentirse amado.

Preparar un evento familiar, cuando se ama, es el regalo más hermoso que debemos atesorar.

Ya relaté en mi libro, *Más allá de mis manos*, que me quedé viviendo en EE. UU. con mi papá después de mi segundo nacimiento, por lo que desde que me quedé aquí, no había podido volver a estar en fechas familiares tan importantes como el 24 y el 31 de diciembre con mi mamá, ya que ella residía en Venezuela. Yo le pedía a Dios, fervorosamente, que me regalara esa posibilidad otra vez.

Sentado esa noche en la mesa, preparados para conversar

y compartir la cena, yo no podía dejar de ver a mi derecha y a mi izquierda a uno y a otro. Creo que hasta me dolían los cachetes de tener la sonrisa tan grande toda esa velada. De verdad que me costaba creerlo, allí estaban mi mamá, mi papá, mi hermana Franny y mi cuñado Luis, mi muy buena amiga Daniela Perdomo —quien está viviendo sola en EE. UU., y que (sin saberlo esa noche) la adoptamos como que si fuera otra integrante de la familia. Todos juntos sentados alrededor de una mesa con comida preparada por todos. Parecen pequeñas cosas vistas desde afuera; para mí representaron todo mi mundo esa noche.

Cuando yo estaba haciendo mi lista interior de los doce deseos antes de las doce campanadas, la lista era solo de agradecimientos, no de peticiones, y sé que eso era así porque al tener salud y a toda a mi familia allí sabía que junto a ellos podría lograr cualquier cosa que me propusiera hacer, por lo que no tenía que pedir, sino agradecer, agradecer y agradecer. Pedí unión y fuerza, para seguir agradeciendo.

Esa noche de unión familiar, lo que podía ver era alegría en los rostros de quienes amo. Bailamos juntos, disfrutamos de una cena maravillosa, y recordamos anécdotas familiares... Más allá de todo lo extraordinario fue la importancia de recibir un bendecido año juntos.

Esta celebración sé que me marcó para el resto de mi vida y me motivó a trabajar para que ese sea solo el primero de muchos años por recibir juntos. Una realidad que pareciera común se convierte en extraordinaria cuando la vivimos por primera vez.

Hoy soy la persona más agradecida del universo.

Ver a mi papá y mamá juntos, por primera vez, celebrando a mi lado el recibir un nuevo año, me enseñó que los sueños no tienen fecha de caducidad. Creo que internamente cada año le pedía a gritos a Dios que me concediera ese deseo… y se cumplió. Una vez más el tiempo de Dios fue y será perfecto.

Esperé con mi fe intacta… y recibí un regalo,
del que todo lo puede.

Para esa noche nos organizamos y disfrutamos incluso todo lo previo, preparando una cena a la venezolana. Mi papá se encargó de los panes de jamón —un pan que se hace solo para celebrar esas fechas—, mi mamá hizo la exquisita ensalada de gallina. También compramos un cerdo y lo preparamos con la técnica de la caja china (no se hace así en Venezuela, pero incorporamos esa nueva tradición) por la familia de mi cuñado Luis Díaz.

Vivir la experiencia esa noche de esa cena de fin de año, una cena tan especial, con nuestros familiares, fue seguir sentando las bases de nuestros valores, que son, entre otros: compartir; dar sin esperar nada a cambio y honrar a nuestra familia sin importar la adversidad, experiencia o problema que se nos presente.

Escribir esta anécdota dentro de mi segundo libro, fue necesario porque es un reconocimiento al compromiso de vida que tengo de honrar a mi núcleo familiar, el agradecerles haberme dado la vida, el estar allí en cada momento y en hacer de mí, un hombre de bien y para el bien. Mi familia ha estado siempre allí para mí y sin ellos no sería lo que soy. Los son todo para mí. Mi hermana, mi papá y mi mamá son el regalo más maravilloso que Dios me ha dado.

A veces, damos la vida por sentada, sin darnos cuenta que quizás somos más privilegiados de lo que creemos. Por eso es fundamental que hagamos conciencia de quiénes somos y de dónde venimos y agradecerlo infinitamente. Porque, el hacia dónde vamos, dependerá de esa pequeña clave de la vida.

Siento que es necesario preguntarnos con frecuencia, para que no se nos olvide:

- ¿Amamos a nuestra familia?
- ¿Demostramos a nuestros padres y hermanos lo que son y significan en nuestra vida?

Yo he tenido que vivir muchos desafíos, y estoy seguro que los resultados de hoy no serían lo que son sin mi familia a mi lado.

¡Gracias! ¡Gracias! ¡Gracias!

DESCUBRIENDO UN PLACER

Cocinar

Una receta no tiene alma,
es el cocinero quien debe darle alma a la receta

Thomas Keller.

A mi manera (*My way*) es una canción que cantaba el indiscutible Frank Sinatra, y aunque esa canción habla como en despedida, yo decidí que el título de esa canción podría representar mi vida en presente y en futuro, porque definitivamente todo lo hago y lo haré "A mi manera".

A mi manera comencé a entender que quienes amamos comer, quizás comencemos a enamorarnos de la cocina.

A mi manera comprendí que mis dos manos en esta nueva vida pueden desarrollar habilidades especiales para asuntos cotidianos como el cocinar.

A mi manera descubrí que hay pasiones que te llaman y —si tu prestas la debida atención— podrías conquistar caminos que jamás habrías imaginado.

A mi manera me acerqué a cocinar por curiosidad, y ahora la curiosidad se convirtió en certeza de posibilidades.

A mi manera comencé a cocinar y es de lo que ahora les vengo a contar…

Preparando mi desayuno

Ya saben que yo vivo con mi papá, por lo que siempre como con él. Por lo general, es mi papá quien prepara el desayuno y lo disfruto muchísimo… bueno, en realidad yo disfruto todas las comidas. Amo comer. Disfruto el placer de la comida.

Sucede que una mañana muy soleada desperté y mi papá había tenido que salir temprano. El dolor de cabeza me estaba comenzando, por no haber podido comer. Yo debía desayunar y, fue allí que, como mi papá no llegaba, yo tomé la decisión de arriesgarme a preparar el desayuno. Me fui a la cocina y comencé a sacar todo lo que necesitaba: la harina de maíz para preparar mis amadas arepas; los huevos; la cebolla y el tomate para preparar un revoltillo (en Venezuela a los huevos revueltos con cebolla y tomate, le decimos revoltillo o "perico").

Como pude, mezclé la harina de maíz precocida con agua y sal como ya sabía, luego me puse a amasar y amasar la mezcla hasta que se formó una masa suave. Fui tomando porciones de esta masa y le di forma redonda y aplanada; la forma típica de nuestras arepas. Logré colocarlas en un budare caliente y comenzaron a cocinarse. Mientras las arepas iban asándose y formando la concha externa, comencé a picar de manera fina la cebolla y el tomate, con el cuchillo cuidadosamente, los mezclé con los huevos, y listo. Llevé esa mezcla al sartén precalentado con aceite y logré preparar el delicioso revoltillo. Hice todo tal cual como me lo hacia mi abuela Olga, cuando yo vivía en Venezuela.

Recuerdo cuando mi papá llegó ya yo tenía todo mi desayuno preparado y estaba sentado en la mesa para empezar a comer.

No fue complicado hacer las arepas, porque la forma de mis manos es perfecta para amasar y para darle forma a cada bolita de harina. Picar la cebolla y el tomate requirió de un poco más de dedicación, pero logré desarrollar la habilidad para agarrarlos con mucho cuidado y detectar la posición correcta para manipularlos sin peligro para mí.

Había conquistado la cocina… preparé un desayuno completo.

Preparando *sushi* con Take a Sushi (Orlando, EE. UU.).

En un viaje que hicimos a Orlando, decidimos ir a visitar a un querido amigo venezolano que tiene un *food truck* o camion de comida en la calle, donde prepara *sushis maravillosos*. Su restaurante se llama Take a Sushi. Siempre que tenemos la oportunidad de visitar Orlando, vamos a comer delicioso donde mi amigo, porque para mí su comida tiene esa mezcla perfecta de comida oriental con el toque que le damos los venezolanos.

Ese día fue especial, muy especial. Fuimos hasta allá, y al llegar vimos que no había aún muchas personas ya que estaba lloviendo y se nos ocurrió la idea de que quizás podría cumplir uno de mis sueños gastronómicos: aprender a preparar *sushi*. Mi primer *roll* de *sushi* hecho por mí.

Lo conversamos, y a mi amigo, Máximo Campagnolo, le pareció fabulosa la idea, así que nos preparamos para la clase en vivo de cómo preparar los *rolls*. Mientras él buscaba los ingredientes, yo ubicaba la cámara para grabar el video y, como la guinda del helado, pusimos nuestra música de fondo para gozar con todos los sentidos.

Primero, Máximo me hizo un *sushi* completo explicando, con

mucha calma y dedicación, cada paso que tenía que realizar. Cuando terminó, yo le dije que ya estaba listo, así que ordenamos todos los materiales y comencé la preparación de mi primer *roll* de *sushi*.

Debo confesar que pensé que yo no podría hacerlo, porque para preparar un *roll*, el uso de las manos es fundamental para el armado y compactación, pero como todo lo que ocurre conmigo, inmediatamente que me puse a hacerlos me di cuenta que los límites solo estaban en mi cabeza. Logré repetir cada paso de la instrucción sin problema, y además con felicitación de Máximo por mi trabajo. Por supuesto, mi primer *roll* de *sushi* iba a tener todos los ingredientes que me gustan, así que quedó suculento. Conseguí estirar el arroz sobre la hoja de algas, ponerle semillas de sésamo al arroz, voltear la hoja y por ese lado colocar el resto de los ingredientes. Luego venía el proceso más complicado: enrollar y compactar en forma de tubo el roll. Lo hice con mis manos y antebrazos y quedó espectacular. Luego, Máximo me ayudo a sujetar el roll para poderlo cortar. Y lo corté.

Mi roll de sushi estaba listo para comer… y eso hicimos. Fue un rato memorable para mí y también para Máximo, quien además disfrutó el momento de una manera muy particular, bromeando, como todo buen venezolano. Te invito a ver el video que grabamos de esa preparación en mi cuenta de Instagram, que lo han disfrutado en el mundo entero.

Demostré que un roll está enrollado,
pero no es un rollo para mí hacerlo.

Preparando pizza en Lino's Pizza (Hollywood. EE. UU.).

Lino's Pizza es muy especial para mí, porque es el lugar preferido de mi familia para ir a comer *pizza*. Ir a Lino's Pizza es como comer en casa, pero sin tener que preparar la comida. En Lino's yo me senti en familia…, quizás por eso se me ocurrió la idea de plantearle a mi amigo Carmelo la posibilidad de que me enseñara a hacer la *pizza* que tanto me gustaba. A él le pareció increíble hacerlo. Me dijo que sí y nos preparamos para eso.

Comenzamos preparando la masa madre desde cero, con todas las explicaciones detalladas por parte de Carmelo sobre la harina, la fermentación natural y el uso o no de la levadura. Lo cierto es que la preparación, con sus indicaciones, creó una masa sumamente suave que yo pude trabajar sin el uso de rodillo. Él me contaba que así se preparaba la masa en los inicios, y que no requería sino de la habilidad del pizzero para estirar la masa en sus manos y en la mesa. Yo lo hice. Me convertí en pizzero (al menos de masa) esa noche.

Luego de tener la masa lista, pasamos a la incorporación de los ingredientes. Aquí decidí colocarle los que me encantan y, como iba a preparar dos *pizzas*, los distribuí de manera distinta y diferencial. La primera de las *pizzas* la hice vegetariana, con calabacín en ruedas, hongos, además de la salsa de base y el queso mozzarella. Venía después una parte más complicada: colocar la *pizza* en la pala metálica (muy pesada) con la que la llevaría al horno de piedra. También logré hacerlo. Con mucho cuidado la trasladé hasta el horno y la introduje por completo en él, retirando luego la pala. La dejamos horneando mientras preparaba la otra *pizza*, al estilo venezolano, con jamón, maíz y queso mozzarella, verificamos que la anterior ya estuviese cocida (horneada). Cuando lo constaté la saqué e introduje la otra. Recuerdo que decidí probar de la primera. ¡Uhmmm!, estaba deliciosa… aún puedo sentir el olor y el sabor.

Para completar mi entrenamiento en la pizzería tenía que pasar una prueba más: armar la caja para la *pizza* de viaje, y logré hacerlo. Paso a paso fui doblando y armando la caja hasta tenerla lista. Luego fui y saqué la segunda *pizza* del horno y la coloqué en la caja y la llevé hasta el área de despacho. Concluí tocando el timbre para avisar que la *pizza* estaba lista. (Este video también está en mi Instagram).

Carmelo me graduó de pizzero… y yo salí lleno de masa, desde mis prótesis hasta mi cabeza.

Aprendiendo en Ávila Bistró… mega hamburguesa. (Aventura, FL)

El restaurante Ávila Bistró es un restaurante que prepara comida venezolana, pero además fue el que creó una fusión increíble con la hamburguesa americana, añadiendo ingredientes al estilo venezolano, y precisamente para ello, fui una noche a aprender a prepararlas.

Este fue el restaurante que le dio la oportunidad a mi mamá de empezar a trabajar en este país. De corazón, muchísimas gracias por la oportunidad. En esta ocasión había un poco más de riesgo, porque sí había movimiento directo sobre las hornillas de la cocina, que son a gas, es decir, con fuego directo en los sartenes. No era lo mismo que preparar un *sushi* o una *pizza*. Aquí fui un poco más espectador, aunque pude demostrarle al chef Antonio que yo podía manejar y mover —con mis manos y como todo un experto— una sartén para hacer el salteado de los ingredientes. Lo dejé sorprendido.

La hamburguesa tenía demasiados ingredientes, y se llama Tony's Burguer, en honor a uno de sus hijos. Llevaba tocineta, cebolla, tomate, queso *cheddar*, papitas de perro caliente venezolanas, 150 gr de carne a la plancha, huevo frito y dos rebanadas de pan hecho en casa. Además, unas papas rústicas fritas para acompañar la hamburguesa.

Esta vez, me dediqué a observar todo lo que hacía el chef Antonio, y a ayudar en algunas fases de la preparación. Cuando estuvo lista, nos sentamos a comer. La verdad no podía abarcar con mi boca abierta el tamaño de la hamburguesa. Estaba deliciosa, ¡uhmmm!... de verdad que es un privilegio poder comer lo que preparamos.

Fue un rato emocionante estar al lado de la cocina, con tres hornillas encendidas a *full* capacidad, con la candela calentando los sartenes y yo incorporando el aceite a cada uno. En el video de mi Instagram podrán ver cuánto lo disfrutamos y cómo el chef Antonio bromeó conmigo durante toda la preparación.

Preparar una buena hamburguesa es como aprovechar la vida, capa por capa poniendo lo mejor.

Haciendo hallacas

En mi país de nacimiento, Venezuela, en Navidad tenemos la tradición familiar de hacer un plato que se conoce como las hallacas, que son una especie de pastel hecho con harina de maíz, rellena con un guiso muy húmedo que tiene carne, cochino, pollo, vegetales, aceitunas, alcaparras, pasitas, vino y aliños, ese pastel se envuelve en una hoja de plátano, se cierra y se amarra con una especie de hilo fuerte que se llama pabilo. Es un plato que requiere mucho cuidado y elaboración. Ese pastel se hierve en agua caliente durante una hora y se deja enfriar. Luego, este pastel puede refrigerarse en la nevera, e incluso, congelado puede conservarse por espacio de muchos días. En Venezuela acostumbramos a comer hallacas casi todos los días del mes de diciembre. ¡Uhmmm!, es una tradición deliciosa.

Cuando yo vivía en Venezuela y aún tenía mis manos, el día que hacíamos las hallacas yo era el "amarrador oficial", por lo que mi trabajo consistía en atar (amarrar) con pabilo la hoja de plátano, previamente lavada, al pastel con el guiso, y así cerrar la hallaca. Recuerdo que era un experto. Era muy rápido en el amarrado de la hallaca, pero solo aprendí a hacer eso. No hubiese creído, en otro momento de mi vida, que podía llegar a ser experto haciendo hallacas.

Ya viviendo aquí en EE. UU., y después de perder mis manos, mis tíos, Xiomara y el chef Víctor, me invitaron a su casa a hacer hallacas. Sería mi primera vez después de que me cambiara la vida, así que no sabía qué iba a poder hacer… pero pronto me di cuenta que podía hacer mucho más que antes.

Ese día me convertí en el amasador oficial, además de ser el quien distribuyó la masa sobre la hoja de plátano para armar la hallaca. Eso lo hice colocando un plástico sobre la bolita de masa y luego con un rodillo fui aplastando la bolita hasta que quedó totalmente estirada. Al ver que pude hacer eso, pasé a colocar el guiso sobre la masa y también los "adornos", para dejar culminada esa fase completada. Luego, pasé la hoja con la masa y el guiso a la siguiente estación de trabajo (es una labor en equipo, donde cada uno de los involucrados cumple una función específica) para que cerraran y amarraran las hallacas.

Cuando vi todo lo que hice, inmediatamente pensé en Dios y le dije simplemente: ¡Gracias!

Gracias, porque me muestra con su gracia infinita, el abanico de oportunidades que he podido descubrir.

La cocina, definitivamente, es otra de mis pasiones, y me he podido demostrar a mí y a quienes me rodean, que no se necesitan dedos para utilizar cuchillos, para amasar una masa y armar comidas, para trabajar con sartenes o para maniobrar las perillas de una cocina. Aunque en mi casa yo no cocino muy seguido, tuve la valentía de demostrar y demostrarme que sí puedo hacerlo y lo hice, tal cual les narré en mis aventuras culinarias con diferentes personas únicas en mi vida.

Si yo pude y puedo, tú también puedes hacerlo.

Te invito a romper esa zona de confort en tu vida.

No te limites en nada.

Toma acción hoy.

BAILAR Y ESQUIAR

Nuevamente, ¡gracias a POA!

Hay dos maneras de difundir la luz:
ser la vela, o el espejo que la refleja

Edith Wharton

Fui un espejo para reflejar la luz que inyectó POA (Prosthetic & Orthotic Associates) en mí, ahora soy una vela para proyectar esa luz incandescente. En ambos casos, POA fue, es y será la fuente inagotable de saber que sí se puede, de querer que se pueda. Yo soy el ejemplo viviente de su mensaje de empoderamiento.

Hoy puedo caminar, correr, saltar, subir escaleras, montar y pedalear bicicleta, manejar un vehículo, hacer ejercicios y manejar patineta, entre tantas otras actividades, gracias a mis prótesis y al impulso que la familia de POA y su mensaje sembraron en mí.

Mis prótesis parece que estuvieran encantadas. Sí, encantadas…, porque con ellas me siento como si fuera de otro mundo, y capaz de hacer cosas que quizás no me habría atrevido a hacer si tuviera mis propias piernas. Soy dichoso de tenerlas en mi vida, siento como que si al ponérmelas ellas me transmitieran un mensaje a través del contacto con mi piel y mis rodillas. Un mensaje que diría algo así: «Franklin, ¿piensas quedarte sentado viendo pasar la vida, o vas a dejar sentada tú a la vida viéndote romper siempre los esquemas?».

Y, como ya habrán podido leer a lo largo de todo el libro, estas prótesis me han hecho salir de mi zona de confort de forma casi que continua, y por ello no podía dejar por fuera dos actividades que realizo y donde la pieza fundamental es el uso de las piernas —que ya ustedes saben que no poseo—. Esas actividades son: bailar y esquiar sobre la nieve.

Bailar

Quiero comenzar a contarles sobre el bailar. La verdad es que bailar se ha convertido en una de mis pasiones y —sé que no está bien que lo diga yo mismo— realmente bailo muy bien. Tengo lo que los venezolanos llaman "sabor", y los cubanos "guaguancó". Tengo ritmo, y también unas ganas increíbles de seguir aprendiendo estilos y formas de bailar los distintos hitos musicales. La música es pasión y vida.

He ido desarrollando una habilidad para bailar sobre mis prótesis, que muchas personas con sus dos piernas completas desearían poder lograr. El dominio que he venido ejerciendo sobre la unión de mis prótesis a mi cuerpo es tan armonioso, que logra que, incluso, se me olvide que las llevo puestas.

Tengo unas parejas de baile que son mis favoritas: mi mamá y mi hermana. Nosotros tenemos nuestro lugar para bailar y pasar horas disfrutando de todos los ritmos latinos: salsa, merengue, bachata, baladas, entre otros. También bailo diferentes tipos de música modernos, siento que eso lo llevo por dentro, heredado en mi sangre porque mis padres son excelentes bailarines, desde niño me enseñaron el ritmo y el amor por bailar.

No me siento limitado por mis prótesis para bailar, por el contrario, ya el baile forma parte de mi vida. Bailar también se ha convertido en parte de mi mensaje dentro de mi propósito de vida. Cuando siento lo que siento al bailar, entiendo que bailar también puede ser un mensaje contundente. Por ello, decidí hacer unos cortos en video para mis redes sociales donde, además de disfrutar el bailar al grabarlos, dejo un mensaje a mi audiencia.

Esos videos fueron un éxito total. Un video de esos lo hice con mi amiga Maritza Bustamante, que es actriz, mamá, bailarina, entre otras cosas. Ella, literalmente, hace de todo. Fue una experiencia realmente maravillosa, a pesar del clima lluvioso que tuvimos durante toda la grabación y que terminó haciéndonos correr. Su esposo, Max Pizzolante, nos grabó, sin pensar que ese video le daría la vuelta al mundo. La coreografía fue sumamente divertida, logramos dejar plasmado en el video lo bien que la pasamos. Ese video quedó, como decimos nosotros, ¡brutal!, y puso a bailar a muchas personas alrededor del planeta.

¡Bailar es como caminar sobre las nubes, aquí en la Tierra!

Esquiar

"Yo amo el peligro" era el lema famoso de la caricatura personificada por el detective privado, el más intrépido agente de N° 1, piloto del veloz CoolMóvil: Cool McCool, y así he sido bautizado yo por mis familiares y amigos. Soy el Cool McCool latinoamericano y en prótesis montado. El que todo lo puede.

El 17 de enero de 2020 decidimos hacer un viaje en familia, mi papá, mi hermana, mi cuñado Luis, mis tíos Alejandra y Augusto, mi prima Miah y, por supuesto, yo. Decidimos que queríamos ir a un pueblito llamado Asheville en Carolina del Norte, para pasar un fin de semana en familia, porque queríamos aprender a esquiar sobre la nieve. Lo hicimos posible el 3er día de nuestro viaje. Llegamos al Cataloochee Ski Resort, y justo ese día estaba nevando, así que la experiencia sería mucho mejor.

Al ver todo lo que se requería, solo para mantenerme en pie sobre la nieve, entendí que mi desafío no era solamente esquiar, sino lograr vestirme con todo lo que debíamos ponernos, también sujetar los bastones, poder ponerme los esquís y, cuando lograra hacer todo eso, mantenerme parado estable y luego deslizar. Para mí sería como un bebé cuando comienza a arrastrarse en la cama, luego gatea, luego se levanta, se cae y se cae hasta que camina… Claro, yo tenía que hacer eso en un par de horas.

Pero recuerden, soy Cool Mc Cool, así que comencé mi proceso super complicado de colocarme todos los accesorios uno tras otro: el mono para no mojarme con la nieve, bufanda, chaqueta, casco, y después de todo este proceso, seguí con el de ponerme las botas. Unas botas supremamente pesadas, que no me impidieron seguir en mi objetivo, aunque reconozco que casi no podía caminar. ¿Saben cuánto tiempo me llevó ponerme las botas?: treinta minutos. Al final parecía un muñequito.

Mi conversación interna ese día fue: "Franklin, vamos a darlo todo aquí, así que fuerza".

Cuando estuve listo —mi familia había esperado casi cuarenta minutos por mí— nos fuimos hacia la pista de principiantes. Debíamos ir hacia una pequeña montañita donde había una plataforma… y allí continuó mi odisea personal.

Fuimos caminando paso a paso, yo con mi equipo adecuado a mi manera, como por ejemplo, los bastones para las manos sujetados a mis brazos con unas vendas. Observando que el proceso para mi iba a ser totalmente distinto al del resto de mis acompañantes, les dije: "Por favor, no se preocupen por mí, ignórenme: si me caigo, yo encontraré la forma de levantarme, de sujetar los esquís a mis botas e insistiré hasta lograrlo, sin manos y sin pies".

Llegamos hasta la plataforma, que al final no era una plataforma sino una escalera mecánica plana donde las personas se montaban e iban paradas sobre ella hasta el tope de la pequeña montaña para principiantes, para luego lanzarse desde allí. Bueno, para mí esa escalera mecánica plana fue como estar participando en un programa de "la cámara escondida", porque no logré mantenerme en pie sobre ella.

Siento que el primer aprendizaje de ese día para mí, fue aprender a reírme de mí mismo. Creo que, de no haberlo hecho, habría abandonado sin intentarlo.

En el primer intento, mi papá subió adelante para ayudarme a mí. Yo subí, y debido al leve movimiento ascendente de la plataforma, perdí el equilibrio y me caí de lado hacia el piso nevado. Primera caída desde una altura de 5 pies, dura y aparatosa. Mi papá corrió hacia mí para ayudarme. Detuvieron la escalera. Todas las personas sobre la plataforma voltearon a verme con cara de preocupación, yo levanté mi brazo y les dije que estaba bien. No había comenzado a esquiar, ya yo estaba en el piso nevado, mojándome, con los esquís fuera de mis botas y los bastones tirados. Mal comienzo… eso que llaman "comenzar con el pie izquierdo", aunque yo no paraba de reír, me decía a mí mismo: "Esto te pasó por estar confiado, sin saber lo que venía".

Con la ayuda de mi papá, me levanté como pude, arreglé mis botas y los esquís. En verdad me sentía golpeado, pero fuerte a la vez. Decidí volver a montarme en la escalera mecánica plana y… me volví a caer estrepitosamente. El resultado fui igual al anterior. Volvieron a detener la escalera, y mi papá regresó a ayudarme. Recuerdo que el muchacho encargado de la plataforma se me acercó y me preguntó que si estaba bien. Él estaba preocupado. Yo, con mi mejor sonrisa y actitud, le dije que sí, que todo estaba bien.

Cuando estuve de pie, me dediqué a observar el recorrido de la escalera y me di cuenta que no iba a poder mantener el equilibrio con la inclinación, las prótesis y los esquís, así que decidí que subiría la cuesta caminando con mis botas, por lo que le dije a mi papá que subiera él y se llevara mis esquís, que yo subiría caminando todo ese recorrido, que me esperara arriba.

Así lo hice. Era un recorrido inclinado como de 100 m de largo, por lo que pude llegar caminando un paso a la vez.

Llegué, y ya mi papá me estaba esperando para ayudarme a poner los esquís. Me los puso y yo ya tenía los bastones amarrados a mis manos. Vi hacia abajo y me entró un frío en el cuerpo… tan frio como el aire exterior.

Esta pista de esquiar para principiantes es pequeña, pero para quien no sabe, es inclinada y larga. Comencé a deslizarme paso a paso, de pronto sentí que iba agarrando velocidad, que yo no controlaba nada de nada. Esta rampa está hecha artificialmente por el parque temático, caerse rodando es duro, porque es nieve compacta, prácticamente es piso. Y me caí, lo que no fue sorpresa para mí, ni para ustedes que están leyéndolo ahora. No era de extrañar que eso me ocurriera.

Esa vez no llegué ni a la mitad de la rampa.

Al caer se me salieron los esquís y los bastones. Realmente fue dolorosa y complicada la caída, volví a decirles a todos: "Por favor, déjenme seguir intentándolo. Yo puedo solo. No se preocupen". Me vuelvo a levantar y subiré a pie tantas veces como sea necesario".

Y volví a subir caminando. Una y otra vez, porque las caídas fueron el ritmo de esa jornada. Subí tantas veces como caí, logré aprender a ponerme yo solo los esquís, por lo que mi familia pudo disfrutar a su ritmo, mientras yo conocía el suelo de la pista en todo su recorrido.

En cada oportunidad, mientras descendía, y antes de cada caída —que eran duras, fuertes, cada una llena de experiencias de cómo debía hacerlo correcto— fui aprendiendo cómo mantener el equilibrio con el cuerpo ligeramente doblado, a poner balance con los bastones en mis manos, como doblar el esquí hacia adentro para reducir la velocidad de un lado o del otro y cómo hacer para frenar los esquís por completo. Cada caída incorporaba un aprendizaje diferente… como los niños cuando aprenden a pararse y caminar.

Debo aceptar que me caí, no una, ni dos, ni tres veces, me caí decenas de veces y me levanté decenas de veces, porque cada vez que tocaba la nieve, me paraba con más fuerza y ganas de lograrlo.

Estaba sudando mucho, a pesar que afuera la temperatura era bajo cero. Hacia tanto frío que, cuando mis gotas de sudor caían al piso, se congelaban en tan solo cinco segundos. Llegó un momento en que me había caído tantas veces —y otras tantas me había levantado— que yo sentí que Dios me dijo internamente: "¡Ya!, listo. Es suficiente. Ya podrás hacerlo completo y solo". Fue una subida de energía que me hizo subir caminando muy rápido, ponerme los esquís y lanzarme nuevamente montaña abajo. Esa vez sentí que sí iba a lograrlo, y lo logré. Llegué hasta abajo sin caerme, y entonces… fui yo quien se lanzó al piso de la emoción y el cansancio.

Cuán feliz me sentí de haberlo logrado. Ahora iría nuevamente para bajar completo y además llegar parado sin lanzarme al piso. Lo hice tres veces y las tres veces me caí a la mitad del recorrido. A la cuarta vez mi papá comenzó a filmarme con el celular y me gritaba: «¡Dale, dale que tú puedes!», entonces me concentré en mi cuerpo, en mis piernas, doble un poco las rodillas, moví lentamente los esquíes para bajar la velocidad, y con la velocidad controlada fui bajando hasta llegar completamente parado a la meta.

Allí comprendí que esquiar en la nieve, y más comenzando, no es cuestión de velocidad sino de control, como ocurre con casi todo lo que incorporamos como aprendizaje a nuestras vidas.

¡Guao! ¡Lo logré! ¡Lo logré!... gritaba para mí y para mi familia.

Habiendo llegado bien, decidí que lo repetiría varias veces. Así lo hice, me caí y me levanté, pero también llegué a la meta. Estaba cansado, adolorido, feliz, o mejor dicho, estaba increíblemente feliz y lo demás no me importaba.

Llegó el momento de mi graduación: subir a la montaña alta para lanzarme como lo hacían todos los que sabían esquiar. Cool McCool tomó acción. Mi papá no quiso subir a acompañarme. Creo que en el fondo le daba miedo, pero mi hermana y mi cuñado dijeron que sí.

Nos subimos los tres a una de las sillas del teleférico —con los esquíes puestos y las piernas guindando al aire— ellos en los extremos y yo entre los dos. Íbamos viendo cómo subía y lo alto que estaba el pico adónde nos dejaría la silla, cuando de repente nos dimos cuenta que el teleférico no paraba para que las personas se bajaran… había que bajarse con la silla en movimiento. ¡Oh! ¡oh!...

eso no estaba en nuestros planes ni lo habíamos pensado. Todo fue tan rápido que mi hermana botó sus bastones y mi cuñado sus guantes, ya que se bajaron antes para poderme sostenerme a mí y que no rodáramos cuesta abajo tratando de mantener mi equilibrio. Superamos la prueba con buena calificación. No nos caímos, ja, ja, ja.

Estando allí vimos lo alto que estábamos y el ángulo de inclinación de la montaña. Era intimidante, pero yo no me sentí con miedo. Algo en mi interior me decía que podía hacerlo, a pesar de que estaba congelado del frío, mis manos estaban congeladas de tener amarrados los bastones a ella, también tenía rasguños que estaban sangrando levemente después de tantos golpes en tantas caídas.

La nieve del suelo aquí estaba como arenosa y más suave. Me hundía con los esquíes sobre ella. Y sentía esa fuerza interior que me decía que sí iba poder hacerlo.

Recuerdo que mi hermana y mi cuñado decidieron lanzarse esquiando y yo me quedé viéndolos bajar y analizando lo que estaba a punto de hacer. La distancia de la cima al valle era como de 300 metros, con una inclinación que a mí me parecía mucha. Había personas bajando rápidamente en esquíes, otras caminando, pero muchas menos que antes porque ya era casi de noche; el parque estaba por cerrar.

Decidí lanzarme, y fui agarrando tanta velocidad que de repente sentí como cuando una ola del mar te revuelca cerca de la orilla: me caí, se me salieron los esquíes y los bastones, de verdad no sabía dónde estaban el cielo y la tierra. Logré sentarme en la nieve y tomar un respiro para descansar. En ese momento, con la nieve cayendo sobre mí, descubrí lo perfecto que puede ser un copo de nieve real, era algo que no lo creía y es que era como en las comiquitas, una forma perfecta, la naturaleza hablándonos una vez más, hasta le tomé una foto con mi teléfono, estaba anonadado con lo que había descubierto.

Luego en ese momento se activaron los protectores de la montaña, vinieron hasta donde estaba yo para preguntarme si estaba bien… les dije que sí, que estaba descansando y que iba a aprovechar para que me ayudaran a levantarme y sostenerme para volver a ponerme los esquíes y los bastones.

Logré levantarme, mientras mi hermana, cuñado y papá me hacían señas de que estaba loco, que no me lanzara, que bajara caminando, pero yo me había propuesto conquistar esa montaña y conquistar mi propio temor a caer… y me lancé, así como lo hice cuando me lancé en paracaídas. Decidí entregarme a la experiencia, a la atención de mi cuerpo y a lo que estaba sintiendo. Fui desarrollando velocidad y la fui controlando, fui moviendo mi cuerpo, mis piernas, mis rodillas, doblando el tronco y seguí bajando. Comencé a ver la cerca color naranja del final de la pista, primero la vi lejos, de repente más y más cerca… hasta que llegué directo hasta ella, donde me atrapó completamente parado. No me caí esa vez. Había conquistado la montaña natural y mi montaña de expectativas.

Lo había logrado, tras intentarlo una y otra vez…

Me caí mil veces, y me levanté mil y una veces…

Gracias a POA, porque sin ellos no podría haber hecho esta maravillosa experiencia de vida. Siento que, de verdad, el haber tenido que sobrellevar mi condición sin las piernas, ha desarrollado unas ganas infinitas de desafiarme a mí mismo el vivir todas esas experiencias que quizás otros, estando completos, no se atreven a realizar por falta de ganas o temor. POA sembró en mí la semilla del "tú sí puedes, así que hazlo".

Ese lunes 20 de enero fui ejemplo de todo lo que acabo de escribir. No se imaginan cuantas veces me caí esquiando. Mi meta era aprender y lograr lo que muchas personas no pueden hacer, inclusive teniendo sus piernas completas. Las veces que estuve en el piso frío, lleno de nieve, estaba orgulloso hasta adónde había llegado, y enseguida me levantaba mientras iba pensando qué había hecho mal, para corregirlo. Logré subir en el pequeño teleférico hasta la cima de la montaña, gozando cada metro de nieve, llegando a salvo a la meta.

¡No sirve de nada intentarlo una sola vez!

Esto se trata de intentarlo las veces que sean necesarias, sin decaer, sin dejarlo para después, sin excusas, se trata de intentarlo hasta lograrlo.

LA VIDA ES COMO LOS CARRITOS CHOCONES: MIENTRAS MÁS CHOCAS. MÁS APRENDES A MANEJAR.

APRENDIENDO A LEER

LAS SEÑALES

Cumpleaños 21

*El destino es el que baraja las cartas,
pero nosotros somos los que jugamos.*

William Shakespeare

espués de haber vivido lo que viví el día de mi cumpleaños número 21, puedo afirmar que, en un alto porcentaje de nuestras vidas, el destino lo creamos nosotros con cada acción y decisión. En Venezuela, donde nací, hay una historia que siempre nos cuentan cuando quieren explicarnos el valor de aprender a leer las señales que la vida nos presenta. La historia es más o menos así:

Un hombre que había naufragado estaba a punto de ahogarse en el mar cuando llegó un pescador en un pequeño bote y le dijo que se subiera, a lo que el náufrago contestó que no, que él estaba esperando, que Dios lo iba a salvar. Luego pasó un yate con unas personas y lo invitaron a subir, y de nuevo respondió que no, que él sabía que Dios lo iba a salvar. Así pasaron, además, un barco, y hasta un helicóptero, y obtuvieron la misma respuesta. Al final, el náufrago se ahogó. Llegó a las puertas del cielo donde le dijo a San Pedro: «San Pedro, ¿por qué Dios no me salvó?», y San Pedro le respondió: «Dios te mandó un bote, un yate, un barco y hasta un helicóptero y tu tomaste la decisión de

rechazar cada una de las ayudas».

¿Qué tiene que ver todo eso con mi celebración del cumpleaños número 21?... quizás todo. En este momento, sentado escribiendo muy tarde ya en la noche, luego de haber terminado celebrando el cumpleaños en una piscina junto a mi núcleo familiar y tres queridos amigos, quisiera narrarles lo que viví hoy y, por supuesto, lo que aprendí.

Todo comenzó con mi idea de que deseaba celebrar mi cumpleaños 21 en un bote, en el mar, con mi familia y unos muy buenos amigos. Soñaba con ese día y me imaginé todo lo bien que lo pasaríamos. Todos los días se lo comentaba a mi papá. Sí, como un niño emocionado con su cumpleaños. Me imaginaba montado en el bote, abrazado por la brisa del mar, riendo con todos, escuchando música, bailando y, por supuesto, bañándonos en el mar. Esos días del precumpleaños, ya yo estaba celebrando por adelantado con solo imaginarlo.

Como saben, el año 2020 nos obligó en cada mes a reformular mucho de lo que queríamos hacer, porque la pandemia del Covid-19 modificó las rutinas y la forma en que solíamos, por ejemplo, hacer las celebraciones. Este cumpleaños no podría celebrarse con mucha gente, ni con una reunión grande, porque justo en el mes de julio hubo un repunte del número de casos contagiados en Miami, que es donde vivo. "Aviso número 1" para hacerlo en casa, en íntimo, en familia… pero yo creí que esa condición favorecía mi insistencia de hacerlo en un bote en el mar…

Insistí tanto, que logré —gracias a un amigo de mi hermana mayor— conseguir el yate perfecto. Solo me quedaba ver quiénes iban a ser los invitados para mi cumpleaños número 21. Por supuesto, ya yo lo había pensado: mi papá, mi mamá, mi hermana, mi cuñado y varios de mis mejores amigos: Santiago Lavao, Ryan Núñez, Daniela Perdomo. Los llamé y todos estuvieron de acuerdo. Todos deseaban estar junto a mí en ese día tan especial para mí. Decidieron que entre todos pagaríamos —realmente iba a ser un esfuerzo económico para todos—. Todos decidieron que pagarían tanto el alquiler del bote como al capitán que lo navegaría. Entre mi familia y ellos se organizaron para preparar lo que se iba a llevar, comida, pasapalos, bebidas, música, entre tantas otras cosas. Todos íbamos a pagar el alquiler, y yo sería el responsable de la organización, de la contratación del bote y su capitán.

Todo fue funcionando muy bien, pero, el día antes del

cumpleaños llamaron a mi hermana para decirle que no nos alquilarían el bote, que cancelaban el alquiler y nos devolverían el dinero que le habíamos adelantado como depósito. Eso lo hicieron a última hora de la tarde, dejándonos sin la posibilidad de buscar otras opciones con calma, para poder seleccionar bien. "Aviso número 2"…, que yo también decidí ignorar, con mi actitud de ponerme sentimental, decir que ya no quería hacer nada, que me hicieran una torta y listo.

Mi actitud generó en mi familia el deber de buscar otras opciones para poder cumplir mi deseo, más específicamente, mi papá se sintió super mal viendo mi tristeza mezclada con rabia por no poder hacer lo que yo deseaba para la celebración de mi mayoría de edad. Se dedicó a buscar otras opciones y la encontró, en una bahía cercana adonde nosotros vivimos. Recuerdo que me llamó y me dijo que había encontrado algo y que llegara hasta donde él estaba. Llegué a ese lugar, y ya él estaba acordando con el propietario todo. Vimos el bote… era un poco más pequeño, sin embargo, cumplía con todos los requisitos, y lo mejor: mi papá lo iba manejar. Lo rentamos. Todo quedó listo. Para el resto de las personas, no habría cambio. Todos los planes continuaban igual. El único cambio fue que mi papá sería el capitán. Volví a estar contento y agradecido.

Mi papá sería el capitán del bote… tal como ha sido el capitán de mi vida.

Esa noche, anterior al cumpleaños, mi papá y yo nos quedamos hasta la medianoche, y allí entraba yo formalmente a ser un adulto mayor de edad. Cumplí mis 21 años, por primera vez, mi papá y yo nos tomamos juntos una cerveza cada uno, para celebrarlo como lo hacemos los venezolanos, diciendo "salud". Esa noche, todos estaban haciendo los preparativos para el día siguiente: mi papá haciendo su famoso arroz con pollo y los tequeños (sin ellos no hay celebración a la venezolana) las bolitas de carne; mi hermana haciendo los pastelitos y mi mamá haciendo la famosa ensalada de gallina. Todo, para nuestro tan esperado día de celebración en el mar. Sin duda que el equipo perfecto.

Esa noche me fui a acostar feliz, porque todo estaba saliendo como yo quería… aunque sabía que había estado forzando un poco todo para lograrlo.

Y llegó la mañana.

Todos ya organizados, salimos en tres carros distintos hacia la marina para montanos en nuestro bote rentado. Cada uno tenía algo por hacer antes. En mi caso, me empeciné en pedir a un amigo un colchón inflable para el agua. No me pregunten por qué, pero yo quería llevarlo, a pesar de que me insistieron que no llevara más cosas. Lo busqué y al fin llegamos. Sobre el colchón inflable, después todos me dieron gracias por la idea de llevarlo… ya verán porqué.

Fuimos montando en el bote todo: la comida, las bebidas, los bolsos de cada uno, mis prótesis para ir a la playa —distintas de las que uso cada día— y el colchón… y empezamos, con mi papá como capitán del bote. Cuánta alegría sentí en esos momentos, viendo a mi alrededor a todas las personas que amo.

El recorrido desde la marina hasta el Sandbar, un banco de arena fue de aproximadamente una (1) hora, y durante todo el trayecto nuestro capitán estuvo atento a las reglas de seguridad, y nosotros pendientes de pasarla muy bien hablando, escuchando música y disfrutando del increíble día.

El Sandbar es un área espectacular, con aguas azules cristalinas que tiene la particularidad de poseer zonas profundas, medianas y bajas donde pueden llegar botes de cualquier tamaño, incluso las motos de agua, y donde las personas pueden bajarse y nadar con tranquilidad. Es un lugar de película. Sería mi primera visita en esa área.

Y allí estábamos todos, por fin. El recorrido nos tomó alrededor de una (1) hora desde que salimos desde la bahía. Mi papá y mi cuñado fueron maniobrando el botecito hasta ubicarlo con seguridad. Nos arreglamos todos y yo fui quien abrió la fiesta del mar: mi amigo Ryan me empujó y yo caí directo al agua emocionado. Luego cada uno se fue lanzando desde el bote al mar.

Y aquí es cuando comenzó la aventura "Jumanji versión Franklin Mejìas 4.0"…

Estando todos en el agua riendo y nadando, mi papá nos gritó que dentro del bote había agua. Mi cuñado nadó rápidamente hacia el bote y verificó lo que estaba diciendo mi papá; efectivamente había agua dentro del bote. Ambos muy preocupados, decidieron llamar a la persona que nos había rentado el bote. Mientras tanto, nosotros seguíamos disfrutando nuestros diez minutos de fama… sí, ya verán por qué fueron solo diez minutos. Es muy difícil de creer.

Mi papá se comunicó con la marina y les explicó lo que estaba ocurriendo. Ellos le dijeron que no se preocupara, que eso era normal, que sacara la poca cantidad de agua y que eso pasaría. Eso hizo mi papá, pero se dio cuenta que mientras más sacaba agua más entraba, así que nos avisó que el agua seguía entrando… y allí comenzó a cambiar todo el panorama:

Días de preparación.

Una hora de recorrido.

Diez minutos de disfrute… y comenzó la loca película de acción que no sabíamos que íbamos a protagonizar.

Mi papá decidió hacer una filmación del barco por dentro y se la envió al dueño por celular, quien de inmediato lo llamó y, en muy malos términos, le preguntó qué le había hecho él al bote, porque se estaba hundiendo. Mi papá le fue explicando que no había ocurrido ningún accidente, que solo llegamos al Sandbar y el bote había comenzado a llenarse de agua. El dueño del bote le dijo que sacara toda el agua mientras llegaba el bote de rescate.

Las personas que estaban en otros botes se ofrecieron a darnos ayuda. Muchos se acercaron y nos dieron consejos valiosos y explicaciones. Otro nos prestó tobos plásticos para poder ir sacando el agua que entraba. Otro nos explicó que quienes estuviesen adentro del bote debían colocarse en la parte de atrás para hacer contrapeso y que la parte de adelante no se hundiera, porque si se hundía no se podría rescatar el bote. Yo de verdad creo que sin sus consejos el bote se hubiese hundido por completo.

Casi todos estábamos en el agua, algo cansados de tanto nadar y asidos a nuestro salvavidas, el colchón inflable, y otros turnándose para sacar el agua del bote que entraba a una velocidad vertiginosa. Todo comenzó a flotar en el agua: la comida; la bebida; los bolsos; los zapatos…, en ese momento nos dimos cuenta que nuestros teléfonos celulares ya estaban ahogados. Solo estaba a salvo el de mi papá que fue con el que pudimos comunicarnos.

Llegó un bote guardacostas y nos dijo que él podía auxiliarnos con su bote, pero que teníamos que pedir permiso al dueño. Sin su autorización no podía hacerlo. Mi papá llamó nuevamente a la compañía, le explicó y ellos no estuvieron de acuerdo, nos dijeron que ya venía otro bote a auxiliarnos.

Mientras todo esto pasaba, otro bote – samaritano – que estaba en el banco de arena vio nuestra desesperación. y nos indicó que podíamos subir a su bote si queríamos descansar, también nos prestaron un salvavidas inmenso para poner todas nuestras cosas mojadas, y así lo hicimos… Yo, para ser sincero, estaba en *shock* con todo lo que estaba pasando. Era difícil de creer, estaba muy apenado con mis amigos, mi familia estaba decepcionada, tanto esfuerzo para nada.

Luego de casi veinticinco minutos, el bote de rescate ofrecido por el dueño llegó. Revisó el bote y nos trató de muy mala manera a todos. Tuvo una actitud muy grosera con mi papá, y además tratando en todo momento de hacernos sentir que el bote había recibido algún daño, y que éramos responsables por lo que había ocurrido. No pudo solucionar mucho, todo lo hicimos nosotros, hasta que por fin decidió con la empresa darle la autorización al guardacostas para salvar el bote. Recuerdo que él sacó una bomba de succión y se fue al bote rentado a sacar el agua con ella. Mi papá, mi cuñado y mis amigos estaban con las manos adoloridas de tanto sacar el agua con el tobo, y agradecidos de que llegara él con la bomba de agua.

Justo en ese momento fue cuando recordé mis prótesis. Las había olvidado por completo. Le grité a mi papá, a lo que él me respondió: «Ya no hay nada que podamos hacer. Ya se mojaron con agua de mar». Eso, sabía yo, iba a ser un problema posterior, porque el agua de mar oxida todo. Pero ya no había nada más por hacer sino esperar. Tenía mis tobillos nuevos, y era lo que más me preocupaba.

Y ocurrió algo… En algún momento mientras yo estaba en el agua, acompañado por Santiago —aunque él estaba algo alejado de mí— cuando comencé a ver que todos dentro del otro bote me estaban haciendo señas. Me volteé y vi que la persona que habían enviado a rescatarnos venía manejando muy rápido el bote, directo hacia mí; sin haberme visto. A esa velocidad, ni él iba a poder esquivarme, ni yo iba a poder nadar tan rápido para esquivarlo. Le grité a Santiago y él vino hacia mí, me tomó fuertemente por el pecho y me lanzó muy lejos de allí, con una fuerza yo diría que casi sobrenatural. Nos habíamos salvado —él y yo— de ser arrollados por el bote.

Todos pudieron respirar tranquilos después de ver que yo estaba a salvo. Salimos del agua. Había mucha tensión. Tomamos todas las cosas y nos ubicamos en el nuevo bote para regresar a la marina. El viaje de regreso fue desagradable y molesto, porque el sentimiento general era de impotencia y tristeza por todo lo que había ocurrido, y además por la grosera actitud de quien fue a rescatarnos.

Cuando íbamos llegando nos dijeron que iban a sacar el bote del agua para ver lo que había ocurrido. Le dije a mi papá que él y yo teníamos que ir también para ver y tomar fotos. Fuimos. El bote estaba intacto. No tenía ningún golpe ni roto. El problema había sido otro, aunque ellos no quisieran reconocerlo. Alguien indicó que debió haber sido que la bomba de achicar el agua se dañó. Al ver todo eso le pedimos al que nos alquiló que nos devolviera parte del pago por los inconvenientes, pero su actitud fue tan violenta que tuvimos que llamar a la policía y hacer una denuncia.

Con la denuncia creo que pudimos gritar "Jumanji", y dar por culminados los niveles de ese loco juego que comenzó con una idea de celebración.

Nos fuimos a nuestro hogar, y terminamos el día tranquilos, familia y amigos, bañándonos en nuestra piscina, preparando comida, escuchando música, cantando cumpleaños y comiendo torta… quizás, lo que debí haber planificado desde el principio.

A partir de ese momento, el día se convirtió en un recuerdo de aventuras no deseadas pero vividas, y en el mensaje claro de aprender a leer las señales que a veces recibimos y que obstinadamente tratamos de descartar.

Dios nos protegió incluso haciendo que el bote pudiese llegar hasta donde podíamos tener ayuda, orientación y apoyo, porque si eso hubiese ocurrido a mar abierto, la historia habría sido muy distinta. No me atrevo ni a pensarlo.

Por siglos se ha hablado de la intuición, de ese sentido que a veces nos hace pensar las cosas pero que nosotros decidimos razonadamente ir acallando.

Si algo aprendí con esta super experiencia de celebración de mis 21 años fue que sí, debemos insistir —y mucho— cuando los retos y desafíos con obstáculos son de salud, estudio, profesionales, familiares... pero que, si es a nivel de eventos festivos, nos detengamos a analizar qué nos está diciendo la intuición, o Dios o el universo, pero que no dejemos de ver que sí hay señales en casi todos estos acontecimientos que, de ponerles atención, nos mostrarán la respuesta de forma muy clara.

Hoy puedo narrarles la historia riéndome... porque Dios sigue siendo bondadoso conmigo y la lección fue con un susto que pude convertir después en aprendizajes.

¿Cuántas veces te han ocurrido eventos que sabes que podrías haber evitado si hubieses puesto mayor atención a las señales que recibías?

ESTOY SEGURO QUE LA VIDA TE VA A PONER PRUEBAS Y TU DECIDIRÁS SI SERÁN DIFÍCILES
O SI SERÁN IMPULSO PARA LOGRAR TU PROPÓSITO. DIOS SIEMPRE TENDRÁ EL CONTROL. NO LO DUDES.
AFÉRRATE A ESO Y SOLO ASÍ PODRÁS CONSTRUIR LO QUE TÚ QUIERAS

CAMINOS ROCOSOS

El poder de intuición

No permitas que el ruido de las opiniones ajenas silencie tu voz interior. Y, lo que es más importante, ten el coraje de hacer lo que te dicten tu corazón y tu intuición. De algún modo, ya sabes aquello en lo que realmente quieres convertirte.

Daniel Goleman

Estoy a punto de llorar, no de dolor sino de emoción. Haber tomado la decisión de hacerlo fue el primer paso para conectar mi nuevo nacimiento de aquel 11-11 con lo que quiero proyectar en mi vida, con mi misión y propósito. Este paso representó parte de lo que siento y parte de lo que pienso, que Dios me regaló al brindarme una segunda oportunidad de nacer y de construir, con mi misma familia, unas raíces nuevas. ¿Es posible tener raíces nuevas dentro de una misma familia? ¡Claro que sí!, y yo soy una demostración de ello.

Cuando decidí darle paso a la importancia de mi intuición en este nuevo desafío personal, entendí que haber nacido de nuevo con unas condiciones distintas a mi primer nacimiento merecía un reconocimiento a mis nuevas raíces de conexión con la madre Tierra que son mis prótesis, con las cuales comencé a aprender a caminar de nuevo con cinco pequeños pasos que me llevaron luego a retomar mi vida. Recuerdo que comenzar a asistir a mi escuela, a hacer nuevos amigos, a afianzar ese árbol familiar y cultivar amistades para construir un tronco fuerte y sólido de una nueva vida dentro de mi propia vida, para finalizar en las múltiples ramas, hojas y flores que son estos nuevos brazos, que son mis alas para despegar y llevar mi mensaje de empoderamiento, inspiración, motivación y felicidad al que fui llamado.

El proceso de tomar la decisión tomó su tiempo, no solo porque el resultado de la decisión llevada a la práctica era prácticamente irreversible, sino también porque aún era menor de edad y debía solicitar permiso a mis padres para hacerlo, más que todo por respeto. Justo en esos momentos, una amiga querida me invitó un día a que la acompañara porque iba a hacer algo en su cuerpo y no quería ir sola. La acompañé, y cuál no sería mi sorpresa cuando supe que ella iba a hacerse lo que yo había estado pensando por tanto tiempo hacer. Aquel día ella me tentó a intentarlo, pero decidí no jugar con fuego, porque en mi familia nadie ha intervenido su cuerpo y era un tema casi que tabú, y si yo llegaba a la casa con la acción realizada lo más seguro habría sido que me hubiesen puesto las maletas en la puerta. Por eso, no me atreví a romper la confianza que mi familia y, especialmente mi papá, tenía depositada en mí.

Después de ese día, investigué mucho, busqué distintas opciones porque sentía que algo dentro de mí me decía que debía crear un sello para ese camino rocoso que me había tocado transitar, creo que desde niño. Un camino rocoso que hoy agradezco, porque pocos muchachos pueden hablar hoy de su vida como yo puedo hacerlo, con este cúmulo de experiencias, vivencias y decisiones a tan corta edad. Ese camino grandioso que Dios había decidido que fuera mi vida. He sido privilegiado y quería rendir honor a lo vivido hasta ese momento, porque sin ese camino rocoso no habría podido desarrollar las habilidades que me hacen el Franklin que soy hoy.

Para ello leí, investigué, pregunté, para seleccionar con quién haría mi sueño realidad. Y lo encontré: Arcángel. No es azar que así se llamara, quien iría a trabajar conmigo este cambio.

Por supuesto, después de decidir que quería hacerlo y con quién, lo siguiente que tenía que hacer era hablar con mi papá, para que me diera su permiso y bendición para hacerlo. Y fue lo que hice. Me armé de todo mi valor y fui a hacerle la propuesta de lo que quería hacer:

¡Un tatuaje en mi brazo!

Como todo buen padre, amoroso, serio y responsable me dijo claro y fuerte: «¡No!». Primer *strike* para mí, en el primer lanzamiento.

Fue muy sencillo para él decirme que esa decisión la tomara yo cuando cumpliera mis 21 años de edad y además me mantuviera económicamente. Que esa acción no era un juego de niños, que era una acción sobre mi cuerpo que sería para toda la vida y que esas decisiones no se toman a la ligera.

La verdad es que lo entendí y respeté. Es mi padre, ha vivido todo este largo camino junto a mí y entendí sus argumentos, porque incluso si a mí alguien me hubiese preguntado, diez años atrás, si me gustaría hacerme un tatuaje, le habría dicho que no, rotundamente, porque mi familia jamás había visto de buena manera que alguien se maltratara la piel, y nadie en mi núcleo familiar tuvo algún tatuaje, ni mis padres, ni mi hermana, ni mis abuelos o amigos. No formaba parte de nuestra cultura familiar.

Pero justo ahora, mi intuición me seguía diciendo que debía hacerlo. Tatuarme un brazo cobraba más fuerza cada día en mi mente, porque quería darle un significado a todo lo que había tenido que pasar. Por ello continuaba buscando, investigando, porque sentía que yo seguía tejiendo mi propia manta hecha piel, y que ese tatuaje sería como la culminación de un camino rocoso para abrir paso a otro totalmente distinto.

Había decidido que mi tatuaje, inicialmente, fuese algo muy pequeño, tal vez el famoso 11-11 que me cambió la vida: un 11-11 me amputaron, un 11-11 bauticé mi primer libro y un 11-11-2021 bautizaría mi segundo libro, pero luego decidí que no, que justo allí quedaría esa fecha para que yo pudiera transformarme y que mejor me dejara orientar por el tatuador.

Decidí entonces ir hasta donde Miguel Arcángel Serrano, mejor conocido como Arcángel Tattoo —para mí el mejor tatuador de Miami— para contarle sobre mi sueño de hacerme un tatuaje en uno de mis brazos, justo donde tengo la cicatriz más grande… la que costó mucho más en sanar, porque tengo problemas de cicatrización. Le conté sobre mi idea y él, luego de revisar mi brazo: sus terminaciones y las cicatrices, me dijo que allí él podría crear un maravilloso y frondoso árbol. ¡Guao! pensé yo: "¡Un árbol! Sí, un árbol con sus raíces, tronco, ramas, hojas y flores", eso idea me encantó. Él me dijo que un árbol podría ser realmente muy bien trabajado y que esas cicatrices serían geniales para tatuar las raíces de ese árbol fuerte, de ese árbol lleno de vida.

Yo, al momento de pensar en un árbol, de una vez me vino a la mente el araguaney —el árbol nacional de mi país, Venezuela— y sentí una emoción tan grande que hasta las lágrimas asomaron a mis ojos. Esa mezcla de tener sobre mi cuerpo una de las representaciones de mi amada tierra, para además mostrarme que pueden ser arte sobre algo que cambió radicalmente mi vida, fue un mensaje más de mi misión de vida: mostrar que sí puedo darle la vuelta a la tortilla.

Solo recordaba cuando era pequeño y escuchaba a la profesora Darly Albornoz, explicarnos la importancia de ese árbol para todos los venezolanos, a pesar de sus maravillosos colores, sentía que era una perfecta representación de todo lo que me había pasado.

Ahora bien, debo reconocer que yo estaba muy nervioso porque Arcángel me hizo muchas preguntas, el me hacía ver hacia adentro de mí. Mientras él me preguntaba, yo hablaba con Dios y le pedía que me ayudara a ver con claridad lo que realmente yo quería. Soy un firme creyente de que cuando partamos de este plano, este cuerpo quedará y ascenderá solo mi alma, pero mientras viva aquí quiero tener algo que me de fuerza, una fuerza hermosa que muestre que mis piernas y brazos partieron antes que yo, pero yo estoy fuerte y vivo floreciendo como ese árbol.

Decidí, como he aprendido desde hace diez años, a ponerme en las manos de los expertos. En ese momento Arcángel era el maestro. Me preocupaba lo del color. Pensamos solo en negro, pero luego él me dijo que iba a hacer varios bocetos y que me los enviaría para que con calma yo los revisara y decidiera. Y eso hicimos.

Ya con esa idea clara de qué quería tatuarme, decidí hacer lo que hace todo muchacho cuando quiere algo de sus padres: me fui con mucho amor e insistencia a hablar con mi papá. Hablamos mucho. Le conté todo lo que había pensado y que él tenía razón en decirme que lo hiciera más adelante, pero qué necesidad tendría de esperar un año, si ya yo lo había decidido porque sentía que eso me ayudaría a cerrar un ciclo para iniciar uno nuevo, que ese tatuaje sería el recordatorio de lo que había pasado, cuánto había crecido y la fuerza de espíritu que ese proceso había hecho en mí.

Mi papá me escuchó en silencio, vio mis ojos y se dio cuenta que lo mío no era un capricho, me dijo que ¡sí! No se imaginan la emoción que sentí cuando le escuché pronunciar: «¡Sí!».

Inmediatamente me comuniqué con Arcángel para programar la cita para comenzar el proceso. Estaba emocionado y nervioso. Muy emocionado y muy nervioso. Para ese día invité a dos de mis queridos amigos para vivir esa experiencia: a mi amigo Santiago Lavao, a quien le pedí que me acompañara para realizar un pequeño video documental del proceso, y a mi amiga Kelly Núñez, a quien yo había acompañado cuando se tatuó el nombre de su hijo y su abuela, como inicio de su primer tatuaje.

Y llegó el día, y nos fuimos los tres hasta donde el tatuador, Arcángel.

Arcángel me preparó para lo que iba a sentir: una mezcla de dolor intenso al principio con un acostumbramiento posterior, y así mismo fue. Es un dolor que no puedo describir muy claramente, porque luego de sentirlo es como que el cuerpo lo entiende y lo resiste, de verdad Arcángel creó una confianza en tan poco tiempo, lo admiraba como persona, y para mi iba a ser un honor llevar unas de sus grandes obras de arte en mi brazo izquierdo.

El haberme tatuado fue una experiencia que no se parece a ninguna que haya tenido hasta este momento. No se parece a lo que sentí cuando comencé a manejar y ni siquiera a cuando me lancé en paracaídas, creo que eso se debe a que el tatuaje marca un antes y un después, y eso, es invaluable.

El proceso del tatuado la realizamos en dos días en dos

sesiones muy largas, cada una casi de ocho horas. Usualmente, quien se hace un primer tatuaje se lo hace pequeño, pero definitivamente yo no me parezco a nadie y mi primer tatuaje fue grande, muy grande. Este fuerte araguaney ocupa el 30 % de mi brazo.

Mi tatuaje es una obra de arte: me inspira, me motiva cada vez que lo veo. Me recuerda lo que viví y es un constante recordatorio de cómo los árboles siguen creciendo y transformándose… como seguiré haciéndolo yo.

Las raíces tridimensionales del araguaney son mis favoritas, son el símbolo de mi crecimiento, mi carácter y más aún, la fortaleza de las raíces que me mantienen erguido, arraigado y orgulloso de todo lo que logrado a partir del 11-11. Son raíces que yo, junto a mi familia, hemos cultivado fuertes como el árbol de nuestra nación, Venezuela.

Tatuarme este Araguaney, para mí ha sido mi mejor elección, y es el cierre de un capítulo en mi vida al que he llamado "Caminos Rocosos… el poder de la intuición" que me abre puertas a otros caminos por emprender.

Esta aventura, a la que llamo vida, apenas está por comenzar…

□ ↲ ⊓

CONFÍA TANTO EN TU PISADA, CÓMO CUANDO INHALAS PARA RESPIRAR.

Un regalo para ti

*El mejor regalo que podemos darle a otra persona
es nuestra atención íntegra.*

Richard Moss

Y, justo como dice la frase anterior, ese es el regalo que pensé hacerte a ti que llegaste hasta aquí leyéndome. Este cierre del libro no es una de mis anécdotas sino la recopilación de las frases que fui construyendo a lo largo de todo el libro. La idea de hacer esto me la dio mi mentora Rosangela Rodríguez, quien me contó que una vez leyendo un libro de Richard Bach, este mencionaba que le gustaba hacer el ejercicio de poner una pregunta o reflexión en su mente e ir y abrir un libro en cualquier página y que eso siempre lo dejaba sorprendido porque de alguna manera esa lectura le daba algún indicio sobre su pensamiento.Pensando en ello, creí que sería un regalo para cada uno de ustedes que tuvieran mi libro como un libro de cabecera, justo al alcance de su mano, y que cada mañana al levantarse o cada noche al acostarse, ustedes pudieran venir hasta acá y quedarse con alguna de mis frases recopiladas. Espero que esta idea la disfruten tanto como yo al crearla…

Mis frases para ti:

➤ Decide enfocarte en el momento, en lo que vas a vivir.

➤ El silencio es el sonido más increíble; aprende a disfrutarlo.

➤ Ríe, disfruta, Siente... Vive la experiencia.

➤ Entiende que siempre los límites son mentales.

➤ Las cosas a veces pueden ser simples, que no es lo mismo que fácil.

➤ ¡Sé creativo, siempre intenta algo nuevo y desafíate cada segundo!

➤ Soñar es gratis, y definitivamente trae las mejores recompensas.

➤ ¡Si necesitas motivación, el mejor ejemplo está dentro de ti!

➤ Siéntete grande, ¡porque realmente lo eres!

➤ Que todo fluya y nada influya. ¡Vivamos al máximo!

➤ ¡Pensemos un poquito menos, vivamos muchísimo más!

➤ No se trata del tiempo, se trata de la importancia del momento.

➤ Sé lo suficientemente valiente para enfrentar tus miedos. Sonríe ante la adversidad y lucha por los sueños que harás realidad.

➤ ¡No lo pienses dos veces, solo hazlo sin importar lo que cueste!

➤ En los momentos difíciles apóyate… así sea de la baranda.

➤ Sigue tu pasión escuchando a tu corazón. Cree en el proceso, sabiendo que vas por el camino correcto.

- Cada gota de sudor valdrá la pena. ¡El esfuerzo continuo, incansable y persistente ganará!

- Los momentos que pasamos reflexionando sobre nosotros mismos, sobre nuestras acciones, sobre todo lo que hemos hecho o dicho, nunca será un tiempo mal gastado. ¡Al contrario, es una cita íntima con nosotros mismos!

- La naturaleza de cada uno de nosotros es actuar con imperfección, pero eso no determina nuestro destino, nuestra forma de pensar o actuar. Decidamos hoy quiénes queremos ser, qué anhelamos con todo corazón en realidad, y es allí donde entonces tenemos que ir. Recordemos que la vida solo culmina para el que parte de ella.

- Cada laberinto tiene su salida. Por más difícil que sea su recorrido, el reconocerlo siempre te va a orientar para que consigas tu objetivo.

- Aprende a caminar en el terreno más complicado, así como yo he aprendido a vivir una vida con muchas situaciones difíciles… después de un tiempo, comprenderás su significado.

- El mundo es de los que tienen la gallardía de romper esquemas.

- No le des cabeza a lo que tu corazón ya le tiene respuesta.

- Seamos más que un granito de arena en una playa desierta.

- Que ni el cielo sea el límite. ¿Por qué conformarse con solo ver las nubes y las estrellas, si podemos tocarlas con el corazón?

➤ Cree en lo que estás haciendo. No sirve de nada que los demás crean en ti, si tú no lo haces. Cree en ti, cree en tus acciones.

➤ Que la grandeza del exterior sea intercambiable con tu grandeza interior.

➤ Que el placer de llegar a la cima no sea porque superaste a los demás… que sea porque te superaste a ti mismo.

➤ Lo que sea que hagas, asegúrate de hacerlo con el corazón.

➤ La vida se basa en mantener el equilibrio. No pretendas ir a contrapeso y fingir que vas bien. Balancea tus pensamientos, para que así puedas continuar.

➤ No existen sueños demasiado grandes, solo existen mentes pequeñas.

➤ Nunca te arrepientas de hacer lo correcto.

➤ La vida es como los carritos chocones: mientras más chocas, más aprendes a manejar.

➤ La vida no te dará buenos momentos si piensas que estás en malas situaciones.

➤ Siéntate a reflexionar. Te invito a recordar esos momentos en "blanco y negro" que te impulsaron a entrar a otra dimensión de colores llamativos en tu vida, esos que te abrazan a cada momento con su hermoso brillo.

- Nos encontramos en el rompecabezas de la vida, encajando pieza por pieza en su etapa respectiva.

- Sé el reflejo verdadero de lo que llevas dentro, sin pena alguna, ¡desde lo más sencillo hasta lo más importante de tu ser maravilloso!

- Nuestros pensamientos son lo que decretamos, seamos positivos.

- Sé el mejor de los diferentes, sin miedo, sin complejos y sin prejuicios. Sé único.

- Si en donde estás no vez ninguna salida, empieza a caminar, estoy seguro que en el camino vas a ver un letrero que diga SALIDA.

- ¡La suma de momentos son los que te definen como persona!

- Se el pequeño que cambie las mentalidades de los gigantes.

- Sabiduría es encontrarle significado a lo más irregular.

- Yo estoy seguro que la vida te va a poner pruebas y tu decidirás si serán difíciles o si serán impulso para lograr tu propósito.

- Dios siempre tendrá el control. Nunca lo olvides. Aférrate a eso y solo así podrás construir lo que tú quieras.

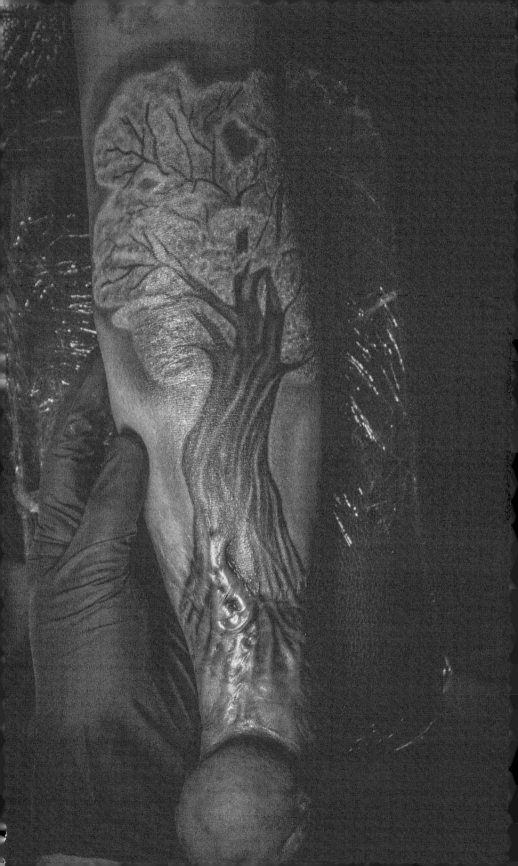

Made in the USA
Columbia, SC
01 November 2021